纠缠不是禅

康蚂 著

武汉大学出版社

图书在版编目(CIP)数据

纠缠不是禅 / 康蚂 著.－武汉：武汉大学出版社，2014.9（2019.8重印）
ISBN 978-7-307-12163-8

Ⅰ．纠… Ⅱ．康… Ⅲ．李叔同（1880~1942）－生平事迹－通俗读物 Ⅳ．B949.92－49

中国版本图书馆CIP数据核字(2013)第272195号

责任编辑：陈 岱 责任校对：胡贵春 版式设计：文豪设计

出版发行：**武汉大学出版社** （430072 武昌 珞珈山）
　　　　　（电子邮箱：cbs22@whu.edu.cn 网址：www.wdp.com.cn）
印刷：阳谷毕升印务有限公司
开本：880×1230 1/32 印张：10.625 字数：200千字
版次：2014年9月第1版 2019年8月第2次印刷
ISBN 978-7-307-12163-8 定价：48.00元

那时候，

他的名字还叫李叔同；

那时候，

他还是名满天下的风流才子……

君此去，几时还？

目　录

CONTENT

目　录

CONTENT

我在西湖出家的经过

（代序一）

　　杭州这个地方实堪称为佛地，因为寺庙之多约有两千余所，可想见杭州佛法之盛了！

　　最近《越风》社要出关于西湖的增刊，由黄居士来函，要我作一篇《西湖与佛教之因缘》。我觉得这个题目的范围太广泛了，而且又无参考书在手，于短期间内是不能作成的；所以，现在就将我从前在西湖居住时，那些值得追味的几件事情拿来说一说，也算是纪念我出家的经过。

　　我第一次到杭州是光绪二十八年七月。在杭州住了约一个月光景，但是并没有到寺院里去过。只记得有一次到涌金门外去吃过一回茶，同时也就把西湖的风景稍微看了一下。

　　第二次到杭州是民国元年的七月。这回在杭州倒住得很久，一直住了近十年，可以说是很久的了。我的住处在钱塘门内，离西湖很近，只两里路光景。在钱塘门外，靠西湖边有一所小茶馆名"景春园"。我常常一个人出门，独自到景春园的楼上去吃茶。

民国初年，西湖的情形与现在完全两样——那时候还有城墙及很多柳树，都是很好看的。除了春秋两季的香会之外，西湖边的人总是很少；而钱塘门外更是冷清了。

在景春园楼下，有许多茶客，都是那些摇船抬轿的劳动者居多；而在楼上吃茶的就只有我一个人了。所以，我常常一个人在上面吃茶，同时还凭栏看着西湖的风景。

在茶馆的附近，就是那有名的大寺院——昭庆寺了。我吃茶之后，也常常顺便到那里去看一看。

民国二年夏天，我曾在西湖的广化寺里住了好几天。但是住的地方却不在出家人的范围之内，是在该寺的旁边，有一所叫做痘神祠的楼上。

痘神祠是广化寺专门为着要给那些在家的客人住的。我住在里面的时候，有时也曾到出家人所住的地方去看看，心里却感觉很有意思呢！

记得那时我亦常常坐船到湖心亭去吃茶。

曾有一次，学校里有一位名人来演讲，我和夏丏尊居士却出门躲避，到湖心亭上去吃茶呢！当时夏丏尊对我说："像我们这种人，出家做和尚

倒是很好的。"我听到这句话，就觉得很有意思。这可以说是我后来出家的一个原因了。

　　到了民国五年的夏天，我因为看到日本杂志中有说及关于断食可以治疗各种疾病，当时我就起了一种好奇心，想来断食一下。因为我那时患有神经衰弱症，若实行断食后，或者可以痊愈亦未可知。要行断食时，须于寒冷的季候方宜。所以，我便预定十一月来作断食的时间。

　　至于断食的地点须先考虑一下，似觉总要有个很幽静的地方才好。当时我就和西泠印社的叶品三君来商量，结果他说在西湖附近的虎跑寺可作为断食的地点。我就问他："既要到虎跑寺去，总要有人来介绍才对。究竟要请谁呢？"他说："有一位丁辅之是虎跑的大护法，可以请他去说一说。"于是他便写信请丁辅之代为介绍了。

　　因为从前的虎跑寺不像现在这样热闹，而是游客很少，且十分冷静的地方啊。若用来作为我断食的地点，可以说是最相宜的了。

　　到了十一月，我还不曾亲自到过。于是我便托人到虎跑寺那边去走一趟，看看在哪一间房里住好。回来后，他说在方丈楼下的地方倒很幽静的。因为那边的房子很多，且平常时候都是关着，客人是不能走进去的；而在方丈楼上，则只有一位出家人住着，此外并没有什么人居住。

　　等到十一月底，我到了虎跑寺，就住在方丈楼下的那间屋子里。我住进去以后，常看见一位出家人从我的窗前经过（即是住在楼上的那一位）。我看到他却十分的欢喜呢！因此，就时常和他谈话；同时，他也拿佛经来给我看。

我从五岁时，即时常和出家人见面，时常看见出家人到我的家里念经及拜忏。于十二三岁时，我也曾学了放焰口。可是并没有和有道德的出家人住在一起，同时，也不知道寺院中的内容是怎样的，以及出家人的生活又是如何。

这回到虎跑寺去住，看到他们那种生活，却很欢喜而且羡慕起来了。

我虽然只住了半个多月，但心里却十分愉快，而且对于他们所吃的菜蔬，更是欢喜吃。及回到学校以后，我就请佣人依照他们那样的菜煮来吃。

这一次我到虎跑寺去断食，可以说是我出家的近因了。到了民国六年的下半年，我就发心吃素了。

在冬天的时候，即请了许多的经，如《普贤行愿品》、《楞严经》及《大乘起信论》等很多的佛经。自己的房里，也供起佛像来，如地藏菩萨、观世音菩萨等的佛像。于是亦天天烧香了。

到了这一年放年假的时候，我并没有回家去，而到虎跑寺里面去过年。我仍住在方丈楼下。那个时候，则更感觉得有兴味了，于是就发心出家。同时就想拜那位住在方丈楼上的出家人做师父。

　　他的名字是弘祥师。可是他不肯让我去拜他，而介绍我拜他的师父。

他的师父是在松木场护国寺里居住。于是他就请他的师父回到虎跑寺来，

而我也就于民国七年正月十五日受三皈依了。

　　我打算于此年的暑假入山。预先在寺里住了一年后再实行出家的。当

这个时候，我就做了一件海青，及学习两堂功课。

　　二月初五日那天，是我母亲的忌日，于是我就先于两天前到虎跑寺去，

诵了三天的《地藏经》，为我的母亲回向。

　　到了五月底，我就提前先考试。考试之后，即到虎跑寺入山了。到了

寺中一日以后，即穿出家人的衣裳，而预备转年再剃度。

　　及至七月初，夏丏尊居士来。他看到我穿出家人的衣裳但还未出家，

就对我说："既住在寺里面，并且穿了出家人的衣裳，而不出家，那是没

有什么意思的。所以还是赶紧剃度好！"

　　我本来是想转年再出家的，但是承他的劝，于是就赶紧出家了。七月

十三日那一天，相传是大势至菩萨的圣诞，所以就在那天落发。

　　落发以后仍须受戒的，于是由林同庄君介绍，到灵隐寺去受戒了。

　　灵隐寺是杭州规模最大的寺院，我一向是很欢喜的。我出家以后，曾

到各处的大寺院看过，但是总没有像灵隐寺那么好！

　　八月底，我就到灵隐寺去，寺中的方丈和尚很客气，叫我住在客堂后

面芸香阁的楼上。当时是由慧明法师做大师父的。有一天，我在客堂里遇到这位法师了。他看到我时就说："既是来受戒的，为什么不进戒堂呢？虽然你在家的时候是读书人，但是读书人就能这样地随便吗？就是在家时是一个皇帝，我也是一样看待的！"那时方丈和尚仍是要我住在客堂楼上，而于戒堂里有了紧要的佛事时，方去参加一两回的。

那时候，我虽然不能和慧明法师时常见面，但是看到他那样的忠厚笃实，却是令我佩服不已的！

受戒以后，我就住在虎跑寺内。到了十二月，即搬到玉泉寺去住。此后即常常到别处去，没有久住在西湖了。

（弘一大师作于 1936 年春）

十问弘一

（代序二）

以下文字节选自《弘一大师新传》(秦启明）、《弘一大师传》(林子青）、《法味》（丰子恺）、《我在西湖出家的经过》、《改过实验谈》、《竹园居士幼年书法题偈》、《为漳州印友题偈》、《题王梦惺居士＜莱园文稿＞》、《辞世二偈》、《为红菊花说偈》、《图画修得法》。部分文字进行过加工处理，访谈为作者模拟，是为序。

一、伟大的艺术家童年与众不同，您的童年是这样的吗？

我的幼年也和一般当时的文人一样，攻读《四书》《孝经》《毛诗》《左传》《尔雅》《文选》等，对于书法、金石尤为爱好。十三四岁时，篆字已经写得很好，十六七岁时曾师从天津名士赵幼梅学填词、又师从唐静岩学书法。

这个时期,我和严范孙、王仁安、孟广慧、姚品侯、王吟笙、曹幼占、周啸麟、陈宝泉、李绍莲等天津艺术精英都有交游。

二、您曾经是世家子弟,家里颇有背景,您介意谈这些吗?

我父亲筱楼公是清朝同治四年的进士,曾在北京出仕吏部,和李鸿章同朝为官。时任北洋大臣的李鸿章往来保定与天津之间,与我父亲有业务往来,二人关系非同一般。筱楼公为官期间,是清末重臣李鸿藻的部下。

我家与清末重臣王文昭、荣禄也有来往。我 15 岁时到北京游玩,曾拜访过王文昭和荣禄,并出示书法作品。两位叔叔辈的高官,对我这位晚辈的书法造诣惊叹不已,大力传播。1896 年 8 月中旬,我在给账房先生徐耀庭的信中写道:李鸿章兄至九月间,可以来津。王文昭兄降三级留用。我曾为李鸿章刻过两方名章,一方是鸿章私印,一方是少荃。

三、有人说您不谙世事,不近人情,您同意这种观点吗?

我在东京美校求学期间,确实有过两次书呆子行为:一、让迟到五分钟的欧阳予倩原路返回,改日再约。二、一日下雨,日籍岳母要用一把伞,我不同意,还说,你嫁闺女时,也没说要伞啊。后岳母得知,伞是我母亲遗物,谅解之。

四、您出家前有两位妻子，能否谈谈与她们相处的时光？

我的婚姻由母亲包办。18 岁时，我娶了天津南运河边芥园茶庄女俞氏为妻。俞氏比我年长两岁，她属虎，我属龙，我家保姆戏称"龙虎斗"，说我们属相不合。确实如此，我们一辈子合不来，未能白头偕老。我和俞氏育有二子，长子李准，次子李端。李准育有一子一女，李端育有三女。我出家后，二哥李文熙让俞氏到杭州劝我还俗，俞氏对二哥说，您别管了。俞氏 48 岁去世时，我已出家多年，因各种原因，没有回去吊唁。

我的日籍夫人，是我在日本留学期间认识的，她是我的人体模特。后来我们结婚，回国后她一直与我居住在上海。她曾苦劝我不要出家，委托我的朋友杨白民转告我，说日本和尚可以有妻室，她愿意继续留在中国做我的妻子。我说，要做就做中国和尚。她曾到杭州找我，我们约在湖滨一家旅馆见面，她不停地哭，我一言不发。最后我送了一块手表给她作纪念，告诉她上海家中的钢琴字画等珍贵物品可处理，处理后的钱财可作为她回国的盘缠。我安慰她说，你有做医生的基础，回日本后不会失业的。离别时，我乘船而去，她在岸边失声痛哭。从此我们再也没有见面。我们结婚后没有要孩子。

五、您幼年丧父，与母亲相依为命，您如何理解母爱？

从小我母亲就以自己日常的言行，规范我的行为举止，希望我做个懂礼之人。之后又按照《论语·乡党篇》规范我的日常生活。每日吃饭之前，必须要摆正餐桌，否则就要遭到席不正不食的训斥。多年之后，我每次吃饭前，都要把餐桌摆正再吃。这样良好的生活细节，来自母亲的教诲。

我 20 岁至 26 岁之间的五六年，是平生最幸福的时候。此后就是不断的悲哀与忧愁，一直到出家。我母亲去世的时候，我正在买棺木，没有亲送。我回来，已经不在了！我运送母亲灵柩回天津，二哥不让进门，说是家族的规矩。我们发生激烈争吵，后来在账房先生徐耀庭的说和下，二哥才让步。遵照母亲丧礼一切从简的遗愿，我为其举行了文明丧礼。要求来宾不赠钱物，改送花圈挽联。亡人之子不再跪地读祭文，改为献花致悼词。出殡时来宾鞠躬即可。送葬家人不穿孝衣孝帽，改穿黑衣黑裤。不请僧人念经，改为合唱哀歌。

六、您有很多挚友，如杨白民、夏丏尊等，他们与您的友情伴随您一生。您的交友观是什么？

"君子之交淡如水"，如果执意苛求，那就把距离拉远了。你要问我去往哪里，前路广阔，我用语言无法表达。大约是"春季花满枝头，圆月

高挂在天心"。

七、您在诗词文章、音乐美术、金石篆刻、书法绘画等方面皆有造诣，有人说您是少有的艺术全才，您同意这种说法吗？

一枝亭亭玉立的菊花，挺直的姿态显示出高贵的气节。为什么它颜色这样鲜红，那是来自于殉教者的鲜血。这是我对艺术的理解。

我认为的书法：文字的表象，本来就不可轻易获得。靠着分别心，怎么能够测度。好像风在空中吹过，分不出能所，领悟了这一点，就是智者。

我认为的金石篆刻：金石不分古今，艺术的事业是随时都创新的。为体现于个别法中的共相，是实相的印记，通过各种事显示出其本真。

我认为的写文章：写文章是表达思想的，哪能一味追求辞藻的华丽。只要蕴含真实的思想感情，就能取得成就成为名家。读书人要靠人格的魅力传播文艺，而不应靠文艺的影响传布个人。

我认为的图画：评论家说，图画，是用来娱乐的，没有实际效用。即便如此，图画的范围很广，不是单纯娱乐一方面所能概括的。图画的效力，与语言文字相同，其性质也很相似。倘若把图画单纯概括为娱乐，又如何解释语言文字呢？音乐戏曲的华丽辞藻不单单是语言，既然这样，那么听音乐戏曲的华丽辞藻，也称为语言，属于娱乐吗？小说传奇也不单单是文字，既然这样，那么诵读小说传奇，也称为文字，属于娱乐吗？三尺儿童也知道不是这样的。

有一句常言说，言语的发达，与社会的发达密切相关。现在请让我变一种说法：图画的发达，与社会的发达密切相关，没有什么不可以。还有一句常言说，诗是无形的画，画是无声的诗。现在请让我变一种说法：语言，是无形的图画，图画，是无声的语言，也没有什么不可以。

八、"断食"试验为什么选在虎跑寺？

总要有个很幽静的地方才好。当时我就和西泠印社的叶品三君来商量，结果他说在西湖附近的虎跑寺可作为断食的地点。我就问他："既要到虎跑寺去，总要有人来介绍才对。究竟要请谁呢？"他说："有一位丁辅之是虎跑的大护法，可以请他去说一说。"于是他便写信请丁辅之代为介绍了。

因为从前的虎跑寺不像现在这样热闹，而是游客很少，且十分冷静的地方啊。若用来作为我断食的地点，可以说是最相宜的了。

九、您为什么出家？

有很多人猜测我出家的原因，而且争议很多。我并不想昭告天下我为什么出家。我出家是为了以教化自己和世人，是追求一种更高、更理想的

方式。每个人的故事、原则、兴趣、方式方法，以及对事物的理解，本就永远不相同。我不想过多解释，说了他人也不会理解，所以干脆不说，慢慢他人就会淡忘。

十、出家后有何感悟？或者说精神上有什么收获？

1. 虚心。常人不明白善恶，不知道因果，决不会承认自己有过错，更从何处谈论要改正呢？古代的圣贤就不会这样。现在举几个例子：孔子说："五十岁以后学习《易经》，就可以没有大的过错了。"又说："知道怎样做符合道义却不能改变自己，有不善的地方而不能改正，是我担忧的事情。"蘧伯玉是当时的一个贤人，有人让他去见孔子。孔子与他坐下来，问："老师现在在忙什么呢？"对方回答说："夫子想使自己的过错更少而很难达到。"圣贤尚且如此虚心，更何况我辈，怎么能自满呢？

2. 慎独。我辈凡是有所作为，起了念头动了心思，佛菩萨乃至鬼神，都能知道看见。如果时时刻刻这么想，就不敢胡作非为了。曾子说："眼睛所看到的，手指所指到的，都是严厉的！"又引用《诗经》说："战战兢兢，如临深渊，如履薄冰。"这几句话是我常常想起来而不敢忘记的。

3. 宽厚。造物所忌恨的，是虚伪不厚道。圣贤处事，只讲究宽厚。这方面古训很多，就不详录了。

4. 吃亏。古人说："我不知道什么样就算是君子，但是每每看到肯吃亏的就是君子。我不识别什么样的就是小人，每每看到喜欢占便宜的就是小人。"古时候有贤人某某临终时，子孙请示他有何遗训，贤人说："无他，你们要学会吃亏。"

5. 寡言。这事最为紧要。孔子说："一句话说出口，四匹马拉的车也追不回。"很可怕啊！这方面古训很多，就不详录了。

6. 不说别人的过错。古人说："时时检点自己的行为都没有时间，哪有功夫检点别人呢。"孔子也说："多责备自己，而少责备别人。"以上的话，我时时不敢忘。

7. 不掩饰自己的过错。子夏曰："小人的过错一定会加以刻意掩饰。"我辈须知用漂亮的言辞掩饰自己的过错是最可耻的事。

8. 不遮蔽自己的过错。我辈常常有得罪他人的地方，那就必须发大惭愧之心，生大恐惧。发露陈谢，要忏悔自己的过错，切不可为了自己的面子，隐藏着不说，还自欺欺人。

9. 听到诽谤不辩解。古人说："怎样平息诽谤之言？回答：不辩解。"又说："吃得小亏，就不至于吃大亏。"以我三十年来的多次经验，深信此话是真实不虚的。

10. 不愤怒。愤怒的习惯最不易去除。古代贤人说过："二十年来治愈

一个怒字，到现在还没消磨改尽。"但是我辈还是不得不尽力改正治愈这个毛病。《华严经》说："怒气是一念之间，能打开百万危害的大门。"这话难道不使人害怕吗？

第一章

比丘

民国时期诸多名士都有读经的习惯，却并不出家。康有为读佛经，一度静坐学佛，佛经激发了他维新变法的人生理想。梁启超读佛经，写出《论佛教与政群》等著名论文，以佛教的智信、兼善、平等、普度众生用来救国救民。鲁迅也读佛经，佛经可以抚慰心灵，做一种权宜的稳遁。儒学大师马一浮读佛经，并且弘扬佛法，但他只是在家的居士，他说，"信佛不一定要出家"。真正能做到抛开凡尘，苦守古佛青灯，修持戒律的儒者，只有李叔同。

一、飞鸟归山林

　　人生在世，要静坐常思己过，做清醒之人。有些事既然忘不掉，就索性记住好了。就像瓶中之水，你厌恶地摇晃，就会混浊一片。你不摇晃，慢慢地等它沉淀下来，就会发现水清澈如初，心灵并未受到污染。所谓的困惑，该看开就看开了，该放下也放下了，冬眠的良知复苏了。曾经的李叔同，无法把握个人命运，无法超越现实的障碍，求得内心的宁静。经过十年的思索，他找到了人生的答案：前路越是黑暗，心灵越需要光明。李叔同提前踏上一条寻找光明的路，而大部分人，还在被凡尘琐事所纠缠。

　　1918年中国重大新闻事件不断。3月，段祺瑞再次成为国务总理。5月，鲁迅在《新青年》发表国内首部白话小说《狂人日记》。5月20日，孙中山辞去大元帅职务。到了年底的12月，周作人提倡写人的文学，陈独秀创办《每周评论》。转年（1919 年 5 月 4 日），震惊中外的五四运动爆发……

以上新闻事件加起来，也比不上一件爆炸新闻吸引老百姓眼球。1918 年 7 月 30 日，杭州浙江第一师范学校（后文中简称"浙一师"，创建于 1906 年，1913 年之前称"浙江两级师范学堂"）三十九岁的艺术教师李叔同，要出家当和尚了。这本来是个人行为，但经过报纸传播，很快成为轰动全国的公众事件。在李叔同的老家天津，报童手中的《大公报》被抢购一空，老乡们竞相传阅，"桐达李家的三公子为嘛就出家了呢，到底有嘛想不开的？"

李叔同出家的前一天晚上，叫丰子恺、叶天底、李增庸到住所。三位学生像往常一样按时赶来，以为李先生要辅导功课，坐在椅子上准备聆听教诲。但当他们看到李先生的床上、桌上杂乱地摆放着的音乐、美术等书籍，立刻明白了八九分，看来传言不虚。

1916 年 12 月，学校放寒假，李先生没回上海与日籍妻子福基团聚，而是到杭州虎跑寺进行断食实验，前后十八天。自那次实验之后，李先生变得行为举止异常，开始吃素，书桌上摆着《普贤行愿品》《楞严经》《大乘起信论》等佛教经典，住所里供起了地藏菩萨、观世音菩萨的佛像，每日焚香。李先生出家的传言在学校四起，但毕竟没得到印证，

所以三位学生还是不太相信。

李叔同对三位学生说：我明天入山，今夕相处，实在难得。希望你们今后各自珍惜……房间里剩下的这些音乐、美术等什物，全由你们三位和吴梦非、刘质平、李鸿梁等同学处理，可按各自学业挑选。

传言得到印证，三位学生难以接受，掩面而泣。

良久，一位学生问：先生为何出家？

李叔同答：不为什么。

学生又问：您忍心抛弃亲人吗？

李叔同答：人生无常，如暴病而死，不抛又能如何？

学生没有再问，面面相觑，不知道话题如何继续。

转天清早，李叔同在同事夏丏尊和校工闻玉的陪同下，带着几件简单的行李，准备出行。浙一师校门口涌来很多人，师生们赶来为李叔同送行，清晨的曦光穿过树叶，轻柔地照在他们疑惑的脸庞上。那些好奇的眼神，流露出失控的伤感，悲伤的情绪正在彼此感染。

李叔同挚友夏丏尊

学生们齐声喊道：李先生珍重！

李叔同挥手道：同学们珍重！

学生们泪流满面，再次齐声喊道：李先生珍重！

李叔同转身而去。

杭州自古多雨，那天正巧下了一场雨，世间万物被打湿，西湖的水也跟着涨了起来。没有人再抱怨生活没有快乐，他们躁动的心静了下来，似乎明白了一个道理：活得越简单，乐趣就越大。身上背负太多责任，人不会活得快乐，也不会走得远。

行了一段路程，李叔同对夏丏尊说，丏尊兄留步，就此别过，咱们后会有期。两位相伴六年的挚友挥泪告别。之后李叔同和丰子恺、叶天底、李增庸、闻玉一行四人，赶往虎跑寺。离虎跑寺还有半里地时，李叔同让众人止步，说自己一个人走过去。随即打开行李，披上袈裟，穿上草鞋。

李叔同双手合十道：诸位到此为止，不必再送。

闻玉问：李先生这是做什么？

李叔同说：世间再无李叔同，你认错人了。

确定出家日期的前几个月，李叔同托朋友照顾天津的妻儿，但并没有透露出家的信息。之后将各种身外之物赠与他人：历年所作美术作

品，赠与北京国立美术专科学校；所刻所藏印章，赠与西泠印社；笔砚
碑帖赠与金石书画家周承德；所作所藏字画，以及折扇、金表等，赠与
挚友夏丏尊；音乐书籍赠与刘质平；书杂零物赠与丰子恺；上海寓所的
钢琴等诸物赠与日籍夫人福基，并委托友人安排其回国。

得知丈夫出家，福基在李叔同挚友杨白民的陪同下，从上海赶到
杭州。李叔同得知后，不好回避，同意在西湖边会面。初春的西湖，时
常阴霾蔽日，淫雨往往不期而至。福基恳求李叔同不要弃她而遁入空门，
但李叔同去意已定。在送给福基一块手表后，李叔同说道，你有技术，
回日本去不会失业。说完，李叔同便离岸登舟。小舟在西湖的薄雾中渐
渐远去，福基大哭。至此，这对夫妻各奔东西，此生再未见面。

【注：关于日籍夫人——李叔同的《断食日志》中曾提到一个叫"福基"的人。李
叔同孙女李莉娟讲：日记当中多次提到福基这个人，讲到的事件都是私人问题，比如说"给
我送棉被"，所以说，我们认为福基可能是他的日籍夫人的名字。我们也问过一些日本学者，
"福基"这个姓氏在日本流不流行，都说确确实实是一个日本人的名字。在对弘一大师
的研究过程中，所有跟他交往过的人，大多都能被考证出这个人是谁，唯有福基这个人
没有资料可查考，所以我们倾向于，他的日籍夫人的名字可能就是福基。（CCTV 1《那
一场风花雪月的往事 II》之"悲欣交集"——福基与李叔同）】

李叔同的出家，在浙一师师生的精神上造成巨大震动，正值青春

期的学生不免对人生生出唏嘘惘然之感，校园里弥漫着颓废之气。校长
经亨颐担心此事干扰学生情绪，心想，必须要表明态度了。他在 1918
年 6 月 30 日的日记中写道：

> 下午五时又至校，校友会为毕业生开送别会，余述开会辞，
> 隐喻李叔同入山，断绝之送别，非人生观之本义……

7 月 10 日他又写道：

> 晴。九时赴校行终业式。反省此一年间，校务无所起色。
> 细察学生心理，尚无自律精神，宜稍加干涉。示范训谕之功，
> 固不易见，以空洞人格之尊，转为躐等放任之弊。漫倡佛说，
> 流毒亦非无因。故特于训辞表出李叔同入山之事，可敬而不
> 可学，嗣后宜禁绝此风，以图积极整顿……

1918 年秋，经亨颐在浙一师新生大会上训话，以"李先生事诚可敬，
行不可法"为词来告诫学生。经亨颐和李叔同虽是上下级关系，私下也
是朋友。在那六七年前，浙一师决定开设图画、音乐专科，急缺一位懂

得西洋绘画和现代音乐的教员主持。李叔同是中国第一批攻西洋画的留学生，出国前就是著名的艺术家，让他来主持这两门功课再合适不过了。经亨颐登门拜访，当场下聘书，李叔同受邀到浙一师任教，一待就是六年。

作为同事兼朋友，经亨颐尊重李叔同的个人行为。作为校长，他必须告诫处在学习阶段的学生不要效仿，要以积极的心态面对光明的前途。经亨颐的态度可以理解，李叔同出家也自有他的道理，抑或有其悱恻纠结的苦衷吧。

李叔同追求的东西，离"凡人"的生活很远，如果懂他，就不要问为什么。正因为李叔同带给世人诸多谜团，才是我们喜欢他的原因。放眼民国的才子佳人，李叔同、苏曼殊、吕碧城、林徽因无疑是最具传奇经历的人物。与其他人不同的是，李叔同在各个艺术领域进行苦苦探索，并且取得非凡成就，这一切是在他出家前完成的。李叔同是百年难得一见的艺术全才，他用实力在中国的艺术星空找到了独属于自己的那个闪亮的星座。

二、笑着当了和尚

李叔同 1918 年 7 月底进入虎跑寺，还不算严格意义上的出家，只能算是居士。后面还需要落发、受戒两个步骤。这年 8 月 18 日，夏丏尊特地到虎跑寺看望李叔同。夏丏尊对李叔同出家的行为不理解，认为他只是一时冲动，多次劝说无果。

夏丏尊是个心直口快、多忧善愁的人。他看见世间的一切不快、不安、不真、不善、不美的状态，都要皱眉叹气。朋友中有人生病了，或是遇到难处了，他就皱着眉头替对方担忧。李叔同走了这一步，夏丏尊愁得睡不着觉。拗不过李叔同，他只能心里憋着气。

夏丏尊问：你真的想好了？

李叔同答：想好了。

见夏丏尊落泪，李叔同说：我先在这里做个居士，修行一年后再说。

夏丏尊见李叔同身着海青，留着头发和胡须，和寺庙里的和尚形成发差，显得不伦不类。

夏丏尊赌气说：这样做居士，究竟不彻底，索性做了和尚，倒爽快。

夏丏尊没有想到，他的这句气话，反倒坚定了李叔同出家的决心。仅隔一天，李叔同举行了落发仪式。

虎跑寺内香雾缭绕，僧人并立，沉郁的钟声飘荡在寺院上空。主持剃度的了悟大师步入殿内，端坐佛像前的位置。在引请师的引导下，李叔同入殿，向了悟大师行礼。礼毕，了悟大师为李叔同施行剃度。

三千烦恼丝在锋利的剃刀下，像黑色的蝴蝶，飘落在地。至此，一代艺术家李叔同不再是世俗之人，他成为佛门一僧。法名演音，号弘一的那个和尚，就是他了。

8月20日，夏丏尊又来看望李叔同，他呆呆地愣在那里，一个光头和尚正冲他笑。

夏丏尊：叔同，何时受的剃度？

李叔同：我已不叫李叔同了，以后叫我弘一大师吧。昨天剃度的，恰巧是大势至菩萨日。

夏丏尊埋怨道：不是说暂时做居士修行，不出家的吗？

李叔同说：我是按照你的意思办的呀，你不是说我不僧不俗的待

在这里，倒不如索性做了和尚。我想想，你说的也对，便照着你的意思
做了。只是你来晚了，不然还能赶上我的剃度仪式，那真是脱胎换骨呢。
从今以后，我就是佛门一沙弥，尽自己所能做些弘法利生的事。我们是
多年知交，以后还望得到你的照拂。

事已至此，无法挽回，夏丏尊不便多说，只后悔说的那些过激的
无心之言。

临别时，李叔同让夏丏尊稍等片刻，说去去就来。没多久，抄了
一段《楞严念经圆通章》，经后附跋：

愿他年同生安养，闻妙法音，回施有情，共圆种智。

大意是，希望夏丏尊将来与自己一起同生西方极乐，共闻幽妙
的佛音，并将其回施一切有情之物，使它们包容于不可思议的妙觉
之中。

夏丏尊感受到了故友的苦心，他向李叔同保证，尽力护法，吃素
一年。

李叔同含笑点头，口念"阿弥陀佛，感谢老友的护法之举"。

落发后还须受戒。10月10日，李叔同于杭州灵隐寺受沙弥戒，16

日进比丘戒，23 日圆满菩萨大戒，共计受戒 14 天。23 日当天，寺院向新戒弟子弘一颁布"护戒牒"。李叔同正式遁入空门，开始了后半生以戒为师的苦行，成为近现代享誉世界的高僧大德。

三、追求下一个信仰

按照佛教的因果论说，一切皆为天定。李叔同出家看似突然，其实早有端倪。断食体验后的 1917 年 1 月至 1918 年 3 月间，有几件事可以证明他流露出家的意愿。

第一件事是 1918 年 1 月 8 日（透露出家）。李叔同在写给学生刘质平的信中说：

> 鄙人拟于数年之内入山为佛弟子，或在一二年亦未可
>
> 知……现已陆续结束一切。

第二件事是 1917 年 11 月 14 日（聆听佛法）。李叔同去虎跑寺听法轮禅师说法，回来后写了书联。并在题记里写道：

余于观音诞后一日，生于章武李善人家，丁巳卅八。是

日入大慈山，谒法轮禅师，说法竟夕，颇有所悟。归来书此，

呈奉座右。落款是"婴居士"。（注：此时李叔同改名为李婴，

寓意象婴儿般新生。）

第三件事是 1918 年 1 月（发心出家）。李叔同重居虎跑寺客房习

静一个月，恰逢马一浮带彭逊之到虎跑寺出家。李叔同目睹了彭逊之剃

度出家全过程，大为震撼，随即想拜弘祥大师为师。弘祥大师认为自己

资历尚浅，就请来师父了悟大师做李叔同的师父。了悟大师为其取法名

演音，号弘一。

第四件事是 1918 年 3 月 15 日（诵经）。恰逢亡母忌日，李叔同去

虎跑寺诵了三日《地藏经》，为母亲回向（注：自己所修的功德不愿独

享，而将之转给他人）。之后做了一件海青，每日做两堂佛课。

第五件事是 1918 年 3 月间（安排时间）。李叔同在给刘质平的信

中写道：

不佞自知世寿不永（仅有十年左右），又从无始以来，

罪孽至深，故不得不赶紧发心修行。自去腊受马一浮大士之

熏陶，渐有所悟。世味日淡，职物多荒。近来请假，逾课时之半，就令勉强再延时日，必外贻旷职之讥（人皆谓余有神经病），内受疚心之苦……

不佞即拟宣布辞职，暑假后不再任事矣。所藏音乐书，拟以赠君，望君早返国收领（能在五月内最妙），并可为最后之畅聚。不佞所藏之书物，近日皆分赠各处，五月以前必可清楚。秋初即入山习静，不再轻易晤人。剃度之期，或在明年。

关于李叔同出家的原因，众说纷纭，其学生漫画家丰子恺给出这样的答案：

我以为人的生活可以分作三层：一是物质生活，二是精神生活，三是灵魂生活。物质生活就是衣食；精神生活就是学术文艺；灵魂生活就是宗教——"人生"就是这样一座三层楼。懒得（或无力）走楼梯的，就住在第一层，即把物质生活弄得很好，锦衣肉食、尊荣富贵、孝子慈孙，这样就满足了——这也是一种人生观，抱这样的人生观的人在世间占

大多数。其次，高兴（或有力）走楼梯的，就爬上二层楼去玩玩，或者久居在这里头——这就是专心学术文艺的人，这样的人在世间也很多，即所谓"知识分子"、"学者"、"艺术家"。

还有一种人，"人生欲"很强，脚力大，对二层楼还不满足，就再走楼梯，爬上三层楼去——这就是宗教徒了。他们做人很认真，满足了"物质欲"还不够，满足了"精神欲"还不够，必须探求人生的究竟；他们以为财产子孙都是身外之物，学术文艺都是暂时的美景，连自己的身体都是虚幻的存在；他们不肯做本能的奴隶，必须追究灵魂的来源、宇宙的根本，这才能满足他们的"人生欲"，这就是宗教徒。

我们的弘一大师，是一层层地走上去的……故我对于弘一大师的由艺术升华到宗教，一向认为当然，毫不足怪。

李叔同的另一位学生文学家曹聚仁在《我们的李先生》一文中，谈了自己的看法。曹聚仁从李叔同在浙一师执教期间创作的三首歌曲《落花》《月》《晚钟》中，梳理出恩师一步步走向佛门的心路历程。三首歌代表了三种心灵境界，体现了李叔同心理上的蜕变过程。《落花》代表第一种境界：

纷，纷，纷，纷，纷，纷……

唯落花委地无言兮，化作泥尘；

寂，寂，寂，寂，寂，寂……

何春光长逝不归兮，永绝消息。

忆春风之日暖，芬菲菲以争妍；

既乘荣以发秀，倏节易而时迁。

春残，览落红之辞枝兮，伤花事其阑珊；

已矣！春秋其代序以递嬗兮，俯念迟暮。

荣枯不须臾，盛衰有常数；

人生之浮华若朝露兮，泉壤兴衰；

朱华易消歇，青春不再来。

曹聚仁认为，歌词是老师在中年后对于生命无常的感触，那时期他是非常苦闷的，艺术虽是心灵寄托的深谷，而他还是觉得没有着落似的。

《月》代表第二种境界：

仰碧空明明，朗月悬太清。

瞰下界扰扰，尘欲迷中道。

唯愿灵光普万方，荡涤垢滓扬芬芳。

虚渺无极，圣洁神秘，灵光常仰望。

唯愿灵光普万方，荡涤垢滓扬芬芳。

虚渺无极，圣洁神秘，灵光常仰望。

仰碧空明明，朗月悬太清。

瞰下界暗暗，世事多愁叹。

唯愿灵光普万方，披除痛苦散清凉。

虚渺无极，圣洁神秘，灵光常仰望。

唯愿灵光普万方，披除痛苦散清凉。

虚渺无极，圣洁神秘，灵光常仰望。

曹聚仁说，超现实的向往，把心灵寄托于彼岸。

《晚钟》代表第三种境界：

大地沉沉落日眠，平墟漠漠晚烟残。

幽鸟不鸣暮色起，万籁俱寂丛林寒。

浩荡飘风起天杪，摇曳钟声出尘表。

绵绵灵响彻心弦，眇眇幽思凝冥杳。

众生病苦谁扶持？尘网颠倒泥涂污。

唯神愍恤敷大德，拯吾罪过成正觉。

誓心稽首永皈依，瞑瞑入定陈虔祈。

倏忽光明烛太虚，云端仿佛天门破。

庄严七宝迷氤氲，瑶华翠羽垂缤纷。

浴灵光兮朝圣真，拜手承神恩。

仰天衢兮瞻慈云，忽现忽若隐。

钟声沉暮天，神恩永存在。

神之恩，大无外！

　　曹聚仁觉得，老师经历了前面两种境界，必然走到《晚钟》的境界。所谓"晚钟"的境界，就是佛的境界。人世间黑白颠倒，是非混淆，污浊不堪，只有神灵怜悯救济百姓，施降广大的恩泽，拯救我们的罪过，使我们真正觉悟。从内心发誓，诚心拜佛，永远皈依，闭目坐定，心无杂念，虔诚地祈祷。要想摆脱尘世的烦恼，求得生命的永恒，唯有走向佛门这一种选择了。

　　两位学生一个从精神追求层面分析，另一个从生命的终极意义分析；一个偏哲思，一个偏艺术，但都给出了明确答案——李先生的出家

并非逃避现实，不过是想拓宽精神层面的另一番疆土而已。

李叔同自己说，他出家是为了以教化自己和世人，是追求一种更高、更理想的方式。每个人的故事、原则、兴趣、方式方法，以及对事物的理解，本就永远不相同。他不想过多解释，说了他人也不会理解，所以干脆不说，他人慢慢就会淡忘。

要想知道一个人的思想、情感及作为，要从了解他所处的时代以及他当时的具体活动开始。所谓"知人论世"，就是这个道理。

民国时期诸多名士都有读经的习惯，却并不出家。康有为读佛经，一度静坐学佛，佛经激发了他维新变法的人生理想。梁启超读佛经，写出《论佛教与政群》等著名论文，以佛教的智信、兼善、平等、普度众生用来救国救民。鲁迅也读佛经，佛经可以抚慰心灵，做一种权宜的稳遁。儒学大师马一浮读佛经，并且弘扬佛法，但他只是在家的居士，他说，"信佛不一定要出家"。真正能做到抛开凡尘，苦守古佛青灯，修持戒律的儒者，只有李叔同。

李叔同本质上还是艺术家，也曾有过求取功名、为国效力的宏愿。然而生逢乱世，满眼尽是现实的丑陋，市侩之人能看破，读书人看不破，他心里存着最后的理想主义。那盏希望之灯灭了，血液中的消极遁世情绪，随之流散蔓延。文人活着，是需要信仰的，一旦信仰被现实击垮，便会去寻找下一个信仰。

　　李叔同没有逃避责任，之前未做完的事，出家后兑现诺言。他没有忘记父母亲恩，没有忘记旧友玩伴，更没有忘记天津、上海、杭州三地和东京的美好时光。吾去去就来，李叔同出家不过是变换了角色而已。就像观音菩萨有亿万法身，做的还是普度众生的事。李叔同没有想不开，他是彻底想开了，看破了，才决定出家的。

第二章

学生

天津是李叔同的出生地，这方宝地人杰地灵，其政治文化地位，在近代中国举足轻重。从小在海河边长大的李叔同，过着优越的富家子弟生活，接受着最好的教育。

成长于单亲家庭的李叔同，十五六岁就写出"人生犹如西山日，富贵终似草上霜"的名句，后结识津门艺坛各路高手，求教学艺，定期雅集，为日后纵横艺坛打下了坚实的基础。

李叔同在天津前后生活了二十二年。这片土地给予了他艺术上的滋养，让他能潇洒闯荡高手如云的民国。

一、显赫家世

　　天津自古以来就是代表繁华的符号，既是沟通南北的漕运枢纽，又是连通世界的海运港口，同时还是拱卫京师的重要门户。清末民初，天津是中国经济最发达的城市之一，近现代工商、金融业兴盛繁荣。作为直隶总督的驻地，天津也成为李鸿章和袁世凯兴办洋务和发展北洋势力的主要基地。李叔同就出生于这样一座城市。

　　1880年10月23日（庚辰九月二十日），李叔同出生于天津海河东地藏庵前陆家胡同二号一官宦家庭（注：此老宅后来出租，1930年前后卖给河北大街公记货栈的老板毛维霖）。按属相论，属龙。按星座论，为天秤座。三岁那年，父亲李筱楼经营多年的生意风生水起，购房置地，全家迁居海河东粮店后街六十号。

　　旧时粮店街是当时天津最繁华的地带之一。这条街北起北河故道

（注：今天津海河东狮子林大街），南至兴隆街，在长达十余里的河岸上，粮店一家挨着一家，河道上漕运船只首尾相接。为了漕粮卸存和转运方便，粮店前门和后门各形成了一条街道，前门叫粮店前街，后门为粮店后街。

新宅是一座典型的清代建筑，沿街而建，坐西朝东，背靠海河，占地面积1400平方米，共有60个房间，呈田字形格局排列。大门是"虎座"门楼，门楣上有精细的镂刻砖雕百兽图，墙壁磨砖对缝，迎面有刻砖照壁，门楼左侧是一个厅房。据李叔同孙女李莉娟介绍，当年门楼内正面有四扇平门，平常不敞开，像一座影壁，出入则走门楼东侧。

新宅门前挂有"进士第"匾额，过道内悬着"文元"匾额，彰显主人家的身份地位。新宅邸有洋书房一间，室内床架、书桌、椅子等均为红木打造。洋书房台阶下，有竹篱笆围成的小花园，名为"意园"。意园与后院游廊相通，园内有修竹盆花、山石盆景、小池塘和梅树、石榴树。多年之后，

天津海河东粮店后街六十号李叔同故居之一角，现已拆除

李叔同在浙一师任教时创作的歌曲《忆儿时》中，依然对童年的院落记忆犹新：

> 春秋来，岁月如流，游子伤漂泊。回忆儿时，家居嬉戏，
> 光景宛如昨。茅屋三椽，老梅一树，树底迷藏捉。高枝啼鸟，
> 小川游鱼，曾把闲情托。儿时欢乐，斯乐不可作。

新宅距离海河不到五十米，船运非常便捷。童年时代的李叔同，每天可以看见大宗货物从外地运抵李宅，车马喧哗，人进人出，显示出李家富庶兴旺的繁华之景。

父亲李筱楼（1813—1884）清同治四年中举进士，曾在北京出仕吏部，和李鸿章同朝为官。时任北洋大臣的李鸿章往来保定与天津之间，与李筱楼有业务往来，二人关系非同一般。李筱楼为官期间，是清末重臣李鸿藻的部下，有这层关系的保护，李家的事业自然如日中天。

李家与清末重臣王文昭、荣禄也有来往。1895年，15岁的李叔同到北京游玩，曾拜访过王文昭和荣禄，并出示书法作品。两位叔叔辈的高官，对这位晚辈的书法造诣惊叹不已，赞赏有加。1896年8月中旬，

李叔同在给账房先生徐耀庭的信中写道：

> 李鸿章兄至九月间，可以来津。王文昭兄降三级留用。

由此可见，李叔同和朝廷政要关系密切，到了称兄道弟的地步。李叔同十几岁时，曾为李鸿章刻过两方名章，一方是鸿章私印，一方是少荃（注：李鸿章号少荃）。此时李筱楼已去世十多年。

既有政治背景，又有商业背景，这样显赫的家世在天津的地位可想而知。李筱楼晚年精研理学，尊崇王阳明，又信仰禅宗佛学乐善好施，在李宅附近办了"备济社"施衣舍粥，被称为"李善人"。积德行善家庭出来的孩子，心地必然善良，李叔同亦是。

二、童年

　　李筱楼共有四位妻子，原配夫人为姜氏，生长子文锦（字不传），娶妻后育有一子，后病故。次子文熙（字桐冈），为第一侧室郭氏所生，育有二子，长子李圣章，次子李晋章。三子文涛（字叔同），幼名成蹊，为第三侧室王氏所生，育有二子，长子李准，次子李端。另一侧室张氏，资料不详。李筱楼在 68 岁高龄，娶了 19 岁的王氏，转年生下李叔同。

　　传说李叔同诞生之日，门外有喜鹊口衔松枝，飞入产房，将松枝安放于其母床前，后欢叫一声飞去。历来高僧诞生时，天地都会有异象，如霞光万道，金光闪闪，彩虹绕日，天乐鸣空。但多为象征手法，没有李叔同这样写实。成年后的李叔同确信此事，将喜鹊衔来的松枝携带一生。直到 1942 年，他在泉州温陵养老院圆寂，松枝还挂在他寮房的墙上。

　　李筱楼闻讯赶来，奉为吉兆，当即安排外出购鱼购鸟放生。消息传出，各方捕鱼者、捕鸟者赶来，汇集李善人府门前，兜售鱼虾飞鸟。

民间流传，同一条鱼被捕三次，又被放三次，这条鱼可以从阴曹地府救三条人命。李宅门前是海河，一时间鱼虾入水，百鸟齐飞，场面颇为壮观。以后每逢 10 月 23 日，李家都要大举放生，成为津门一道善景。

李叔同 5 岁时父亲李筱楼去世，享年 72 岁。李筱楼的病为痢疾，多方医治均不见好转，后干脆停医不治，病情竟奇迹般好转。李筱楼预感将不久于人世，也看破了生死，索性顺其自然。他让家人延请高僧到府上吟诵《金刚经》，悟透人生"如梦如幻如露如电如泡影"，在轻缓的梵音中安详而逝。

遵照李筱楼临终遗言，灵柩在家停放七天，由高僧率领众僧分班诵经，在阵阵经声中引领逝者去往西方极乐世界。诵经之后，还要放焰口（注：佛教仪式，施放焰口，则饿鬼皆得超度，为对死者追荐的佛事之一），免得饿鬼们从中作梗。

高僧戴着地藏王帽子，披着袈裟，坐在正中。两旁六个和尚各持法器。起初是鸣钟击鼓，念佛唪经。到了深夜，流萤隐现，有如鬼火明灭；阴风飘忽，仿佛魂兮归来，就开始召请孤魂了。高僧以悲切之音，高声诵念，众僧属而和之。每念完一段，撒一把米，向孤魂施食。那些米落入暗处，仿佛有无数鬼魂争先抢夺，让人毛发悚然。所召请的孤魂，非常全面，自帝王将相以至囚徒乞丐，都可以"来受甘露味"。

高僧口中念词优美动人，如"杜鹃叫落桃花月，血染枝头恨正长"，"漠漠黄沙闻鬼哭，茫茫白骨少人收"，"花正开时遭急雨，月当明处覆乌云"，"长夜漫漫何日晓，幽关隐隐不知春"，等等的句子。

死亡是一层窗户纸，捅破了也就释然了。年幼的李叔同对生死有了初步的感悟，就算物质环境再优越，也抵不上痛失亲人的哀愁。他独自来到父亲卧室掀帷探问，见父亲毫无痛苦，如入禅定，忽然心生悲戚。停柩发丧期间，李叔同目睹了和尚们敲击法器，念佛诵经的全过程，将每一个细节都记了下来。那种庄严有序的过程和起伏有致的诵经声，深深感动着他。

日后每逢家中延请僧人上门念佛拜忏，李叔同都会静静地坐在那里观看，没有人知道他在想什么。少年时代，李叔同常和侄辈们玩一种和尚游戏。李叔同让大家以床单当袈裟，在厅堂效仿僧人学做焰口施食。李叔同自称大和尚，口中念念有词，侄辈坐在地上当小和尚随其念经。李叔同导演了人生第一幕戏剧，这幕剧与佛教有关，多年后又在现实中上演。

当时，天津有位姓王的孝廉（注：举人），到普陀山出家，回津后住在李家附近的无量庵内。李叔同的侄媳妇（注：已故长兄文锦的儿媳妇）接连遭遇家人去世（丈夫和公公），觉得人生无常，心灰意冷，就到庵里向王孝廉学念经。李叔同常去聆听，到家后就能将《大悲咒》、《往生咒》、袁了凡的"功过格"背下来。

"功过格"是道士自记善恶功过的一种簿册。善言善行为"功"，记"功格"；恶言恶行为"过"，记"过格"。"袁了凡功过格"是袁了凡所作《了凡四训》中的一个章节，原题为《云谷禅师授袁了凡功过格》。袁了凡又名袁表、袁黄，明朝思想家，他在禅学、民生、农业、教育、军事、历法、养生等方面都有深入研究。

袁了凡是迄今所知的中国第一位具名的善书作者。《了凡四训》分为立命之学、改过之法、积善之方、谦德之效四部分，是袁了凡所作家训，以此教戒儿子袁天启认识命运的真相，明辨善恶的标准，改过迁善。这是李叔同接触到的第一本与宗教有关的书。

奶妈隐隐觉得，年幼的李叔同有了佛化的萌芽，认为不好，就让他改念《名贤集》的格言。《名贤集》里有"将相本无种，男儿当自强"这样励志的句子，也有"人穷志短，马瘦毛长"、"高头白马万两金，不是亲来强求亲，一朝马死黄金尽，亲眷如同陌路人"这样揭示世态炎凉的句子，李叔同更钟爱后者。当理想化的佛经和现实中的真相碰撞，击撞出的火花必然是矛盾的，这对于李叔同来说，需要一个适应的过程。

父亲与佛结缘安详而逝的画面，像一幕电影，永久定格在李叔同

的脑海里，多年之后都难以磨灭。1933 年 4 月，弘一大师（注：全书
对弘一大师的称呼有两种：一、出家前的行事称俗家名李叔同。二、正
式出家后的行事称为弘一大师。如统一称呼，似乎都不妥，故分开称呼）
允请门人刘质平手书先父李筱楼遗联——今日方知心是佛，前身安见我
非僧。弘一大师——题跋云：

幼年李叔同在家中

先吏部公（注：李筱楼曾任吏部主
事），通阳明之学，兼修禅那。舍报之时，
安详迁化，如人正定。盖亦季世所稀有
矣。是联为其遗作，今以写奉质平贤首
慧览。

幼年时的经历挥之不去，父亲在安详中去世，
是因为信佛得来的善果。而自己呢？带着这个问
题，李叔同开始了人生的启蒙教育。李叔同出生
于积善之家，长大后继承其父遗风，心态平和，
处处与人为善。善，即悲悯，即慈悲。这是与生
俱来的。人若有大悲悯心，便能超越凡俗，抵达
清凉之境。

三、国学控

　　李叔同的母亲年轻守寡，她希望儿子通过苦读求取功名，光宗耀祖。中过秀才的二哥李文熙，遵照母亲意愿，成为李叔同的启蒙老师。在此之前，母亲以自己日常的言行，规范李叔同的行为举止，希望他做个懂礼之人。之后又按照《论语·乡党篇》规范其日常生活。每日吃饭之前，必须摆正餐桌，否则就要遭到"席不正不食"的训斥。多年之后，李叔同每次吃饭前，都要把餐桌摆正再吃。

　　李叔同练习写字，喜欢拿整张的纸乱写。母亲看到后，正颜厉色地说：三郎，你要知道，你父亲在世时，莫说这样大的整张纸不肯浪费，就连寸把长的纸条，也不肯丢掉。李叔同便改掉了铺张浪费的习惯。母亲希望李叔同懂得节俭。

　　李文熙先教弟弟李叔同读认家中厅堂抱柱上的书联，那是清代刘

文定的话，上联是：惜食惜衣，非为惜财缘惜福。下联是：为名为利，求人莫如求自己。李文熙解释道：衣食来之不易，应当珍惜，不要糟蹋浪费；名利靠真才实学方能获得，人生受挫求人无用，关键时刻还得靠自己。其间所蕴含的世态人情和人生哲理，在潜移默化地影响着这个 6 岁的孩子。

李叔同 7 岁那年，李文熙教他通读《玉历钞传》《百孝图》《返性篇》《格言联璧》《文选》，等等。《文选》是中国现存最早的诗文选集，编者为南朝梁代昭明太子萧统。共三十卷，收录上起子夏、屈原，下至当时的作家共一百三十人的作品五百一十三篇。由于这套全集编选范围广，且所选篇目精益求精，深受历代文人的喜爱。自唐代开设科举考试以来，《文选》就成为历代文人参加考试的必读之物，有"《文选》烂，秀才半"的谚语。

李叔同天赋极高，过耳能诵，过目不忘，理解力强。以上传统国学，对李叔同的性格养成起到关键作用，他刚正善良，贫贱者亲之，富贵者疏之。

纵观李叔同一生，除早年因父辈原因，结交过达官显贵外，其他友人大多为文学、艺术、教育及佛教界人士。出家后的弘一大师曾立下规矩，苦修南山律宗，不见政要、不见军官及生意场上之人。

出家后的弘一大师常以《格言联璧》检点自己的日常言行哪些做到，哪些没有做到，从而进行总结和反思。他说，我的性情是很特别的，我只希望我的事情失败，因为事情失败、不完满，这才使我常常惭愧！晓得自己的德行欠缺，自己的修善不足，那我才可努力用功，努力改过迁善。

弘一大师在为《护生画集·儿戏》（弘一大师与弟子丰子恺合作，弘一配文，丰子恺作画）撰书题句时云：

> 教训子女，宜在幼时。
>
> 先入为主，终生不忘。

弘一大师想起童年时母亲的谆谆教诲，不禁感慨万千。而今母亲归去，亲恩难报，人生之悲，莫过于此。唯有严格遵循母亲的教导，便也是一种尽孝了。启蒙教育就是挖井，成年后才能饮得甘泉，滋养身心，一生受益。母亲和二哥联手，培养了他诸多优秀品德。

四、学生有大智慧

李叔同八九岁时奉母之命，到天津常云庄家馆学习，师从常云庄接受儒家传统教育，历时多年。常云庄是李叔同遇到的第一位专业老师，亦是一位名师。常云庄生卒年月不详，天津名士，工于诗文，学识渊博。早年热心教育，曾在天津开馆授课。后考取功名，到山西做官。

李叔同入馆学习前，已经打下良好的基础，故不能按常规教学。常云庄因材施教，结合李叔同的天资禀赋及兴趣爱好，专门制定了一套教学方法。例如，摒弃传统儒教课徒的陈规，改为教授古诗、辞赋、传记、文字学等书。

按照常云庄的计划，李叔同第一年读《孝经》《毛诗》。第二年读《唐诗》《千家诗》。11 岁读《四书》《古文观止》。12 岁起，读《训诂》《尔雅》《说文解字》。14 岁时起，读《史汉精华录》《左传》等书。

经过名师常云庄的言传身教，李叔同在诗文和文字学方面具备了扎实的功底，以及知识上的储备，为日后纵横文艺、精研佛典打下了深厚的基础。

师从常云庄的几年里，李叔同对《说文解字》颇感兴趣，曾临摹过《宣王猎碣》等篆字碑帖，还写过刘世安临摹的文徵明手书《心经》。在这一时期，李叔同写出"人生犹如西山日，富贵终似草上霜"的诗句。

这句诗有着大智慧：人的一生犹如白驹过隙、昙花一现，但为了那些功名富贵，却也要经受太多的磨难。即使广厦千万间之多，夜晚也只占八尺长的地方睡觉罢了。

读圣贤书，让李叔同懂得感恩，感恩赐自己骨血的父母，为亡父亡母诵经祈福。感恩辛勤授业的老师，在文字里表达敬谢。感恩雪中送炭的朋友，赠之手写的佛语，保佑平安。每一个对他有恩的人，他都时刻铭记，永生难忘。

有两件事可以说明李叔同对常云庄这位授业恩师怀有感激。1928 年，弘一大师在上海闸北世界佛教居士林，为《护生画集·麟为仁兽》手书题句时，遥想儿时常云庄教读《毛诗·麟趾章》时的场景，他作注云：

麟为仁兽，不践生草，不履生虫，余讽其文，深为感叹。
四十年来，未尝忘怀。今撰护生诗歌，引述其义。后之览者，
幸共知所惊惕焉。

1933 年 11 月，弘一大师在泉州开元寺尊胜院演讲，曾去泉州西门外参访净觉寺。途经南安葵山发现"唐学士韩偓墓道"，回忆起儿时跟常云庄在津学习《唐诗》时，曾朗诵过晚唐爱国诗人韩偓的诗作，当时非常喜欢韩偓的名字。

这一巧遇，促成了另一桩轶事。弘一大师深感因缘难得，便着手搜集资料，委托厦门大学学生高文显编纂《韩偓评传》一卷，目的是摘掉韩偓的"香奁诗人"这顶帽子。在弘一大师的指导下，高文显历时两年完成，寄给了由夏丏尊主持的上海开明书局编辑部，不料在 1937 年"八一三"淞沪抗战中，书局被烧毁，书稿付之一炬。弘一大师相信因缘，鼓励高文显重新编纂再谋出版。高文显最终还是按照弘一大师的主旨，再次完成了书稿的撰写。

五、先生们

1895 年李叔同从常云庄家馆结束学业，考入设在天津城西西北角文昌宫的辅仁书院。辅仁书院之前的教学方法相对传统，即分别钻研、互相问答、集众讲演、定期会客。为了顺应时代潮流和社会的需求，校方对固有的教学方法进行改良，指导学生各自研习儒家经典，每月举行两次考试（即初二、十六两日），由官方和学校共同命题习作制文，阅卷评定等级，发给奖银，促进竞争意识，目的是为学生应付科举考试提前做准备。

李叔同每次考试都是文思泉涌，名列前茅，获得奖银。学生作文，每人一张纸，逐字写在格子内。李叔同觉得写得不过瘾，别出心裁地在一个格子内写两个字，被校方戏称为"双行李文涛"。

在辅仁书院学习期间，李叔同还请人教授自己外语，下半年在二

嫂姚氏引荐下，进入姚氏家馆学习。在此学习期间，他遇到两位名师，一位是赵元礼，另一位是唐静岩。赵在姚氏家馆任教，唐则在别处。

赵元礼（1868—1939），天津人，又名赵幼梅，天津名士，清光绪年拔贡。与严范孙、孟广慧、华世奎合称津门四大书法家。赵元礼书法一流，毕生致力于研究古典诗词，功力深厚，著有《藏斋随笔》《藏斋诗话》。赵元礼教李叔同时年仅27岁，可以想象其也是天资学养异于常人的奇才。

赵元礼书法创作的核心理念是"求其平整，字与人同"。他说："孙过庭云，初学分布，但求平整，便追险绝，既能险绝，但归平整，此真书法之金科玉律也。今人写字，当未臻平整境界，便作奇邪狂怪一派，不但终身不能入门，且贻后生以无穷之害，此大缪也。"又说："看字之方式，与看人之方式相同，甲乙两人来求事，甲则言语清晰，行动整肃，乙则言语杂乱，行动懈弛，予欲用人，必取甲而绌乙也明矣。字之点画不苟，犹人之言语清晰也，字之结构不散，犹人之行动整肃也。不研究写字则已，若研究写字，圣人复起，不易吾言。"

赵元礼的教诲，被潜心钻研书法的李叔同铭记在心，更是付诸行动中去。1937年，58岁的弘一大师在厦门南普陀寺佛教养正院讲演《最后一言——谈写字的方法》时总结道，"要以字传人，不要以人传字。"

写字不能随随便便。每个字的地位要正，要不偏左不偏右，不上不下，要有一定的标准……写字时，写这个字，眼睛专看这个字，其余的就不管，这也是不对的。因为上面的字，与下面的字都有关系的，即全部的字，不论上下左右都须连贯才可以，这一点很要紧，须十分注意。不可只管写一个字，其余的一切不去管它。因为写字要使全体都能够配合，不能单就每个字去看的。

弘一大师的这段话，追根溯源，还是要归到赵元礼名下。李叔同跟赵元礼学习诗词文章两年。初学辞赋八股，后学填词。赵元礼推崇苏东坡，所以也向李叔同着重传授苏东坡的诗词心得。李叔同自幼熟读唐诗、五代词，经赵师以苏诗（宋诗）贯通，诗艺大进。苏诗好以禅语入诗，多豪迈清雅之语，直接影响了李叔同对诗词的认识。这从李叔同词作《初梦》《满江红·民国肇造志感》《金缕曲·留别祖国并呈同学诸子》，以及由他选曲配词的《祖国歌》，所呈现出的外柔内刚的格调中可找到源头。此时，李叔同也迷上了李商隐的诗，其中这句"天意怜幽草，人间重晚晴"为其最爱。李叔同的"晚晴山房"、"晚晴集"皆出于此。

赵元礼博闻强识，诗文俱佳，唯联语欠佳，引为终生遗憾。赵在《藏斋诗话》中说道："诗文于我，虽然还未入门，但也算小有所成，唯独写不好联语，只好以集句搪塞了。"

他的学生李叔同在联语方面造诣颇高，其作《华严集联三百》在思想性和艺术性上均达到较高境界。《华严集联三百》由弘一大师编选并书写，内容精选自晋、唐译全本《华严经》及《普贤行愿品》。全书句句皆为《华严经》中精美偈语，皆是"菩提心、菩萨行"的展现与开阐。青出于蓝而胜于蓝，学生了却了老师的遗愿，恩师赵元礼应感欣慰。

1901年1月，八国联军入侵京津，义和团奋起反抗，清政府帮着侵略者镇压义和团，义和团运动失败。为了消除天津的对外防御能力，清政府下令拆除天津的城墙并永远不得重建。城墙是城市最后一道防御工事，没有城墙的保护，城市就完全暴露在敌人的炮口之下，很容易被攻破。清政府等于帮八国联军，等于扒下天津一层"皮"。天津街道房屋毁坏，路有死伤，曾经显赫的桐达李家也在这场浩劫中遭遇小创，为日后的衰败埋下了伏笔。

这年三月，客居上海的李叔同回津探望亲友，其中就包括恩师赵元礼。李叔同此行的目的是，打探津门战乱实况，顺道看望举家避难河南的二哥李文熙。

春天的北方，风是冷的，夹杂着海风，让人寒彻心扉。轮船抵达大沽口，李叔同站在船头眺望前方，天津已不是昨日之天津，战火纷飞，残垣断壁，就连冰冷的海水也在低沉呜咽。眼前之景触动了李叔同诗人的神经，他写下一首诗作《夜泊塘沽》：

> 杜宇声声归去好，天涯何处无芳草。
>
> 春来春去奈愁何，流光一霎催人老。
>
> 新鬼故鬼鸣喧哗，野火燐燐树影遮。
>
> 月似解人离别苦，清光减作一钩斜。

此时的李叔同心情复杂，愁绪满腹，他"听"到：坟场上传来新鬼旧鬼的喧闹。其中这句"新鬼故鬼鸣喧哗"的意象，出自杜甫的《兵车行》。杜甫所处的时代，朝廷无法控制各地割据的军阀，由于连年的战争，经济萧条，城市破败、田地荒芜，苛捐杂税繁重，路有冻死骨的场景随处可见。

杜甫亲眼所见凄惨景象，提笔写下这首诗作。尤其是结尾两句："君不见青海头，古来白骨无人收。新鬼烦冤旧鬼哭，天阴雨湿声啾啾！"说的是：自古以来那青海边，遍地白骨无人掩埋。旧鬼在啼哭，新鬼在诉冤，每当天阴雨湿，哭声啾啾，真是凄惨！此情此景与李叔同所面对的，是何等相似。想必李叔同熟读杜诗，对这首《兵车行》也是深有体会，故信手拈来，恰如其分。

李叔同又"看"到：树影阴暗中鬼火闪烁。又想到：月亮好像也理解我心中的离别之苦，将圆月清光减为细细的一钩斜挂在天边。李叔同第一次感受到战争的残酷，他预想到，赔款和割地将随之而来，人民的悲惨生活无疑雪上加霜。

在天津待了将近一个月，李叔同多次拜访恩师赵元礼。赵元礼已辞去姚氏家馆教师之职，执教于天津某育婴堂（注：幼儿园）。劫后重逢，师生见面自是一番畅谈。其时李叔同二十文章惊海内，已是名扬天下的才子。赵元礼替学生高兴，并对李叔同提出更高的期望。

在津逗留期间，李叔同所到之处一派战乱景象，昔日繁华热闹的天津变成一座"废城"。迫于战乱之因，李叔同取消了去河南看望二哥的计划，于1901年4月返回上海。山河破碎，光景殊非，给李叔同的天津之行蒙上厚厚的阴影。

塘沽登船返沪，船停靠在大沽口码头，李叔同极目远望，看到落日大如箕斗，风卷着旗帜，军队在行进……不禁感慨，山河大地沧桑巨变，忍不住两眼垂泪，在船上写下这首《日夕登轮》：

感慨沧桑变，天边极目时。

晚帆轻似箭，落日大如箕。

> 风卷旌旗走，野平车马驰。
>
> 河山悲故国，不禁泪双垂。

1901年七八月间，李叔同将天津之行所作诗词编辑出版，书名为《辛丑北征泪墨》。卷首刊载赵元礼题诗，记录了二人在战火中的天津重逢的场景。

> 神鞭鞭日驹轮驰，昨犹绿发今日须。
>
> 景光爱惜恒欷散，矧值红羊遭劫时。
>
> 与子期年常别离，乱后握手心神恰。
>
> 又从邮筒寄此词，是泪是墨何淋漓。
>
> 雨窗展诵涕泗垂，檐滴声声如唱随。

【注：红羊劫指国难。古人以为，丙午、丁未是国家发生灾祸的年份。天干"丙""丁"和地支"午"为火，色红；地支"未"属羊，故称红羊。历数战国时期至明清，历次国家变乱、劫难发生在丙午、丁未年的较多。此处特指八国联军进津烧杀抢掠。】

李叔同1918年出家时，曾寄给赵元礼小联一幅，款题"幼梅旧师"。1937年，弘一大师58岁，赵元礼70岁，这对师生均已进入老年。两

年后赵元礼去世，五年后弘一大师去世，师生之间的尘世往来，画上圆满的句号。

这年（1937年）农历11月，在厦门的弘一大师以佛偈书联寄赠赵元礼，偈语云："悉灭众生烦恼闇（读àn），恒涂净戒真实香"，上款为"旧师幼梅居士供奉"，也就是说，在晚年他们依然保持着密切联系。

作为老师的赵元礼也没有忘记这位学生。他在天津出版的《语美画刊》上设有"藏斋随笔"和"藏斋存印"两个专栏。李叔同为其篆刻的"元礼"和"幼梅八法"两方印章，曾在"藏斋存印"刊载。

赵元礼写道："弘一曾经在我门下，学习骈文和诗词，为我写过扇面，篆刻过印章，扇面不知道放哪儿了，名章篆刻不俗。"来自于老师的评价，自是客观真实的了，由此可见二人在艺术上的互相认同。

跟随赵元礼学习期间，李叔同还跟随另一位名师唐静岩学习书法篆书及刻石。唐静岩（生卒年待考），天津人，书印名家，原籍浙江，久居天津，以行医为业，著有《颐寿堂印谱》。唐静岩篆艺得书法相助，刀法犹见功力，被业界公认为有秦汉遗风。

李叔同跟随唐师学艺两年，得到真传，技艺突飞猛进。为谢师恩，李叔同于1896年夏天，出示素册24帧，恭请唐静岩手书钟鼎篆隶八分各体。唐静岩摹写完工，李叔同以篆书题签册名《唐静岩司马真迹》，

下署"当湖李成蹊"。册后还有"叔同过目"的篆字印章。并出资印刷

出版，以示对老师的崇敬。

　　1942 年初秋（弘一大师于当年 10 月去世），弘一大师允请南闽金

石家许晦庐题书篆额时，在信中谈起当年在天津跟随唐静岩学习书法时

感慨道："十四五岁时，常学篆书，弱冠以后，兹事遂废。"

六、"五哥"有慈悲

　　李叔同在外与赵、唐二位名师学艺，回家后便与账房先生徐耀庭
切磋金石书画等方面的心得。徐耀庭（1857—1946），又名药廷、月廷，
世居天津。哥哥徐子明是天津书画名家，擅长工笔花鸟，书法篆刻。徐
耀庭从小耳濡目染，也爱好书画篆刻，且造诣颇深。徐家离李家不远，
因其善于理财，便在李家桐达钱铺管账，为李家服务了半生。

　　闲暇时光，徐耀庭举刀刻章，李叔同现场观摩，不懂之处随时提问，
将学到的理论落于实践。据徐耀庭后人回忆："徐耀庭不仅继承家学，
而且还继承了中华民族优良的传统美德，他心地善良，有一颗乐善好施，
慈悲为怀的心。他为人正直，做事认真，勤奋好学。徐耀庭和李叔同两
人相处日久，感情甚笃。"

　　徐耀庭比李叔同大23岁，被李叔同尊称为五哥、老哥、徐五爷，

两人成为亦师亦友的忘年交。正值青春期的李叔同，遇到疑惑之事，烦闷之事，都会对徐耀庭倾诉。徐耀庭帮他进行善恶的分析，正确的引导。遇到困难，李叔同也会向徐耀庭求助，徐耀庭有求必应。徐耀庭本身具有的高尚人格和艺术造诣，影响了李叔同一生，也形成了他日后做事严肃认真，一丝不苟的品格。

李叔同于 1895 年曾画过一幅"八破扇面图"，上面画的是旧书、旧报纸、旧信笺等八件旧物。附带入信封交给徐耀庭指正。信封写明："内有要件祈带至天津海河东山西会馆桐兴茂面交徐五老爷耀庭开启。"李叔同当时送给徐耀庭一方印章，上面刻着"落花水面皆文章"等字。这句话出自朱熹《四时读书乐》中的第一篇《春》：

山光拂槛水绕廊，舞雩归咏春风香。

好鸟枝头亦朋友，落花水面皆文章。

蹉跎莫遣韶光老，人生唯有读书好。

读书之乐乐何如？绿满窗前草不除。

第二句的意思是：树上的鸟，虽是禽类，也是我们的朋友（珍惜友情）；飘落在水面的花瓣，看似常态，在有心人眼中，则都是一篇篇

好文章（善于发现）。

李叔同借此来赞许徐耀庭重情义，懂艺术，是一位有人格魅力的老大哥。

李叔同与徐耀庭朝夕相处，形影不离，感情深厚。1896 年将近一年的时间，徐耀庭到张垣公干，二人无法见面，只能以书信互诉衷肠。李叔同给徐耀庭写了十七封信。

翻开尘封的历史，当我们再次阅读这些信件，还能感受到这对密友深厚的友情。信中涉及面很广，天气阴晴，冷热程度，市场行情，日常嬉戏以及家中种种琐事，李叔同都告诉出门在外的徐耀庭，以解其客居异乡的寂寞无聊。遇到红白喜事，李叔同会主动代表徐耀庭送上贺礼，并将结果通报。

在 1896 年农历七月十五日信中前半部分，李叔同向徐耀庭讲述了当时天津的情况：

> ……河中水势，每日必落一二寸，至今天气晴明，谅无奈也。小盐店口子昨日将开，幸有德和米局周掌柜施麻袋六十条，切面数百斤，为火会打垫用，甚是善举，殊属可称。刻下津地河螃蟹甚肥，可供大嚼。

1896 年农历一月上旬的信中，二人谈论的是关于辅仁书院求学所经历的事：

> 今有信将各书院奖赏银皆减去七成，归于洋务学院。照此情形，文章虽好，亦不足以制胜也。昨朱莲溪兄来舍，言有且时事，作诗一首云："天子重红毛，洋文教尔曹。万般皆上品，唯有读书糟。"此四句诗，可发一笑。弟拟过五月节后，邀张墨林兄内侄杨兄，教弟念算学，学洋文。

从信件中可以看出，始于 1861 年的洋务运动已深入影响到教育界，而维新运动山雨欲来。李叔同的思想在顺应时代潮流，接受西学教育成为他那一时期必须完成的学业。两年后（1898 年），由康有为、梁启超领导的戊戌变法，在摇摇欲坠的大清帝国上演。历时仅 103 天便宣告失败，康有为、梁启超分别逃往海外。谭嗣同等戊戌六君子喋血菜市口。时在天津的李叔同因一方印章，被疑为康梁同党，受到牵连，不得不逃亡上海。

在徐耀庭的影响下，李叔同对金石书画的喜爱程度达到痴迷，就连写信也不放过请教的机会。他在一封信中写道（1896 年农历五

月十五日信）：

　　柴少文送弟鸡心红图章一个，有此大小（书信上有李叔
同画的图章式样——笔者按），刻"饮虹楼"三字。皆是灰地，
而亦属不错。

　　弟昨又刻图章数块，外纸一片上印着，并呈台阅，祈指
正是盼。再有弟近日镌得篆书隶书仿二篇，并呈台阅，祈指
正是盼。

　　前随津号信寄上信一件，内并有烦画宣册二片，谅必早
登台阅矣……弟昨日另镌图章数枚，印一纸上，谨呈台阅，
并希指谬。（1896年农历六月上旬信）

　　昨随津号信寄上信一函，内有篆隶仿二张，图章条一张。
并有笺墨仿致函，谅必早登台阅矣。（1896年农历六月十八
日信）

　　阁下在东口，有图章即买数十块。如无有，俟回津时路
过京都买来亦可，愈多愈好。并祈在京都买铁笔数支，并有

好篆隶帖亦乞捎来数十部，价昂无碍……（1896 年农历七月
十五日信）

如来时，路过都门，千万与弟捎铁笔数枝（支）、古帖
数部、图章数块。……弟昨又镌图章数块，印在纸上，呈览，
祈哂政（正）为要。（1896 年农历八月初五日信）

从信函可知，李叔同正处于学习书法篆刻的狂热期，印石、书帖、
铁笔大宗购进，创作力惊人。幸好他是富家子弟，家人也支持其从事艺
术实践，换作贫寒家庭，连所需材料都买不起。

1898 年南下上海的李叔同，依然和徐耀庭保持密切联系。他在上
海城南草堂编印《李庐印谱》时，感觉篆刻盖印图章工程繁琐，就将历
年所刻印章寄交天津徐耀庭代办。李叔同在信中写道：

今冬乃拟出《瓦研（砚）题辞》一书，印成当再奉鉴。
印谱之事，工程繁琐，今年想又不能凑成矣。然至迟约在明
春当定出书，至于盖印图章一事，尤须寄津求执事代办，缘
沪地实无其人。

　　留学日本之前（1905年8月），李叔同在上海待了七年，客居异乡的李叔同多次向老大哥请教技艺。1899年李叔同临摹杨见山太守隶书写成一联《隶书节录曹全碑二条屏》，请徐耀庭指正。后以苏东坡体抄录自己创作的诗歌《山茶花》，请徐耀庭指正。

　　1904年李叔同以楷书大字联赠与徐耀庭："青史竹如意／红颜金筼筜"，表达敬仰之情。1905年11月，在日本东海道水彩画写生时，李叔同将绘有沼津风景画的明信片寄给国内的徐耀庭。为了便于徐耀庭欣赏，李叔同在信中对画面做了注解和描述，其细心入微的举动，只有对惺惺相惜的师友才能那样吧。

七、最纯粹的艺术氛围

为艺术而生的人，除了具备天赋和勤奋之外，还需要一方可接地气的土壤。所谓土壤，即良好的人文环境和艺术环境，而环境是由人创造的。李叔同二哥李文熙内侄姚惜云在《李叔同与我家之关系》中提到：

> 他（李叔同）具有艺术才华，能书善画。在当时社会名流，如金石家王襄（纶阁），书法家孟广慧（定生）、华世奎（弼臣），画家马家桐（景含）、徐士珍（宝如）、李采繁（繁），诗人王新铭（吟笙），印人王钊（雪民）诸贤，均有来往，终年盘桓，不耻下问，学与日增。但是个人见解，另有独到之处，所以他的诗、词、书、画、印刻无一不精。此外对古今金石、文玩、碑帖、字画之真赝，有鉴别能力，百无一失。

严范孙、王仁安、孟广慧、王吟笙、华世奎、王襄、李子明、刘宝慈，这些照亮中国近代艺术璀璨星空的名字，均与李叔同有过交往，并切磋过技艺。李叔同就像武侠小说写的那样，一位天资极高的少年，因机缘巧合，遇到各派高手，集众家所长，自成一家。李叔同当之无愧成为民国第一全才，离不开众多幕后推手的助力。

严范孙（1860—1929），天津人，又名严修，近代著名教育家、书法家、学者。清光绪朝庚未科进士，翰林院编修，后主要从事教育事业，当过教育部副部长。严范孙赞同李鸿章推行的洋务运动，提出应在学校多培养经济型人才的主张。南开中学和南开大学，由严范孙和天津另一位教育家张伯苓共同创办。

20世纪30年代初，一位记者模仿"天津卫三宗宝，鼓楼、炮台、铃铛阁"的民谣，将其重新改写为"天津卫三宗宝，范公、幼梅、孙菊老"。这里的范公指的是严范孙，幼梅指的是赵元礼，孙菊老指的是天津籍京剧老生孙菊仙。严范孙名列三人之首，足见其在天津的声誉和影响。

严范孙被后人熟知，另一个原因是他与周恩来的渊源。从南开中学开始，严范孙与周恩来就有诸多往来。他曾为周主编的《敬业》杂志题写封面；周在全校作文比赛中获得第一名，严范孙亲自为他颁奖；预言周恩来有宰相之才，果然一语中的。

严家与李家为世交。李叔同的父亲李筱楼（世珍）和严范孙的父亲严仁波（克宽）交往甚密，他们曾共同致力于慈善事业。王任安在《天津政俗沿革记》中，谈到当时的津门慈善团体时说："光绪五年，李世珍倡捐银五千两，严克宽、杨俊元、黄世熙、杨云章、李士铭等各捐银一千两。由李世珍、严克宽董其事，其绅捐、船捐息款每届冬令提出三成，以济贫苦无告之民，其余七成留为荒年助赈之用。"

严范孙在其一首诗的小注中特别提到，"先父及李丈筱楼倡办备济社"于"同光之交"（《严范孙先生古近体诗存稿》卷二）。

1898 年年初，被罢官的严范孙返回天津，当时李叔同在姚氏家馆跟随赵元礼学习，两人有过接触，时间长达 9 个月。李叔同这年 10 月客居上海，1901 年 3 月从上海乘船返津，探访津门诸师友，和严范孙等人有过聚会。

作为老大哥，又是故交，严范孙对李叔同这位小兄弟欣赏有加。1901 年 3 月的聚会，严范孙告诉了李叔同一个消息，盛宣怀决定在上海南洋公学（上海交通大学前身）设特一班，以备经济特科（主要培养商业人才）之选，特科毕业拿到的文凭，相当于举人、进士。这是一条通往仕途的光明大道。

在此之前的 1897 年，严范孙感于甲午战败给国家带来的耻辱，呼吁变革，向清政府提出开设经济特科，选拔商业人才的建议，终因各种阻挠，建议被搁置，还得罪了老师——翰林院掌院学士徐桐。

也许李叔同对做官并无兴趣，但考虑到母亲的期望，还是报考了南洋公学特设班。据严范孙《壬寅东游日记》记载，1902 年 11 月 3 日，严范孙从日本考察回国，途经上海时，曾在南洋公学会见了李叔同。对李叔同这一决定，严范孙是极为赞许的。

1905 年 3 月 10 日，李叔同生母王太夫人在上海城南草堂病逝，7 月李叔同携妻带子搬运母亲的灵柩回津，举行了轰动天津的文明葬礼。时任直隶学务总办的严范孙前来悼念。1919 年严范孙赴杭州考察教育，曾见过弘一大师，他在日记中写道：

> 章抚亭游山，访青莲寺弘一和尚，俗名李叔同，故人也，谈甚久，以佛经要目一纸示余，劝余先读择要数种，并劝提倡孔教。别出，至冷泉下，徘徊久之，饭于曹氏别庄。有诗云：笋舆行过复缘亭，千亩修篁一色青。忽觉悠然人意远，绿阴深处水泠泠。

十年后南开校父严范孙在天津病逝，弘一大师是否回津吊唁，不得而知。

王仁安（1864—1937），天津人，又名王守恂，清光绪二十四年戊戌科进士。民国后任内务部顾问，民国六年（1917年）1月至11月任会稽道尹。民国七年（1918年）退休离职。民国九年（1920年）又出任直隶烟酒事务局会办。著有《王仁安集》四集、《阮南诗再存》等。

王仁安晚年（1921年）与严范孙、赵元礼等倡建天津城南文社。城南文社最初的活动地点在严范孙、李金藻（城南文社社长）等人私邸，因位于天津城南，故称"城南诗社"。1931年"天津事变"（又称"便衣队暴乱"）后，改在法租界蜀通饭庄，并逐渐以这里为固定聚会地点。

1931年诗会地点改在水西庄。水西庄原是天津芦盐巨商查日乾与其子营建的园林别墅，乾隆时期颇为兴盛，被誉为当时天津的一个文化大观园。天津水西庄、扬州小玲珑山馆、杭州小山堂并称为清代三大私家园林。

1933年至1936年，每至重阳，诗社在此雅集（除1934年在李金藻私宅）。每次有三四十人参加，分韵赋诗，后集结成册，现有《癸酉展重阳水西庄酬唱集》、《乙亥重阳雅集诗录》传世。

城南诗社活动前后约30年，成员总计在200人以上，当时天津文

化教育界精英大多参加过诗社雅集。1937年天津沦陷时，城南诗社一度停止活动，1945年后再次兴起，至1950年初停止。

在中国近代诗坛，王仁安占有一席之地。"其诗学功力深厚，得力于肯堂（王仁安之师范当世，字肯堂、号伯子。清末文学家、诗文名家、桐城派后期作家。曾在李鸿章家馆任教四年）较多。其用意之作，亦复健举。"（汪辟疆《近代诗人小传》）

从《王仁安集》诗词中可得知，很多诗作与其师范当世有关。如这首《呈范肯堂先生》：

> 芳草被幽径，地僻无人知。不为桃李花，烁烁呈妖姿。坐此久留滞，色悴香纷披。恨不移根植，得傍江边蘺。骚人一采折，衔恩心欲悲。走也感身世，平生常自持。性情寄风雅，臭味防差池。曾闻古人言，多师唯我师。门墙近在途，欲近还迟疑。深恐所造浅，堂奥无由窥。何缘获笔札，语语皆箴规。勉其所未至，岂为宽假词。狂喜来登堂，凉风天末吹。居然瞻泰山，一笑群山卑。

范当世对弟子王仁安的诗作评价较高："少年有深处，却喜我能窥。

王生造诗句，起落皆崇规。昂然欲自惜，见可来通词。"（《天津王仁安孝廉以诗见投次韵相答》）

李叔同与王仁安交往，大约是在其十六七岁时，二人亦师亦友。李对王以"先生"和"切庵仁者"称呼，称自己为王的"门入戚子"，还曾以贺年明信片相赠，并"制印呈清赏"。

1913年后李叔同在浙一师执教期间，王仁安曾在杭州当钱塘道尹，两人经常见面。面对知根知底的好友，李叔同流露出内心的真实想法，他对自己的境遇并不满意。当初留学日本的一腔抱负，苦于没有大展宏图的机会，万贯家财在乱世中散尽，为了生存，不得不当老师养家，还要周旋于两个家庭之间。那一时期的李叔同，心理上不平衡，没有更好的解决办法，也只能对故友发发牢骚而已。

1917年1月中旬，完成断食体验的李叔同约王仁安到虎跑寺一叙。信中说：

屡惠大著，谢谢。友人颇有愿读者，能多惠一二份否？

新历正月卅日，入西湖虎跑寺习静。二月底返校。公暇能来寺一谭否？

1918年农历二月，李叔同又去信一封：

> 二月初五为先慈十三周忌日，先期入大慈山诵经，初七
> 出山，十一天晴，拟谒左右。

李叔同正有条不紊地为出家做着准备。王仁安见信后，感觉出李
叔同的出家意愿，但还无法确认。他在日记中写道：

> 晤天津李叔同，清癯绝俗，饱尝世味，已在剥肤存液之
> 时，自愧不如。吾乡静士刘竺生（1873—1941，金石书画专家，
> 李叔同天津友人）之外，又得叔同，喜慰万状。（摘自《仁
> 安笔记》）

1918年春节李叔同没有回上海，而是在虎跑寺习静，遇到马一浮
介绍他的朋友小说家彭逊之到此。王仁安接到李叔同的信后，正好也在
现场。他亲耳听到李叔同与马一浮谈起诸多佛教问题，更加强烈地感觉
到李叔同这位津门故友一只脚已经迈进佛门。这次经历，给王仁安留下
了深刻印象，他在《虎跑寺赴李叔同：约往返得诗二首》中写道：

步步弯环步步奇，常愁路有不通时。

却怜叠嶂层峦处，一曲羊肠到始知！

兴来寻友坐深山，竹院逢僧半日闲。

归到清波门外路，又将尘梦落人间。

　　此行归来的王仁安，确定李叔同不久后要出家，他也许劝阻过，结果无功而返。于是也只能是违心地祝福了。王仁安也成为天津诸友中最早知道李叔同有出家意愿的人，是幸还是命？

　　孟广慧（1867—1937），天津人，近代著名书法家，以书法著称，也是古器鉴藏家和金石考据家。其作品（汉隶）在民国初年举办的全国书法展上，被评为东亚第一。孟广慧与天津殷墟文字专家王襄是甲骨文最早的发现者，他们把中国古代史向前推进了几乎1000年。

　　孟广慧的书法既有篆书之意境，又有甲骨文的质朴洗练。不得不说，李叔同在与孟的接触过程中，是深受其影响的。李叔同在书法起步阶段，也像孟广慧那样追溯源头，在篆隶上下功夫。

　　在上海期间，李叔同一直与孟广慧保持联系。1901年春回津时，曾与孟盘桓多日。大约1912年，李叔同在浙一师执教期间，曾在杭州

见过孟广慧。关于这次见面，孟广慧有诗云：

> 江南话别酒家春，开卷无颜忆故人。
>
> 记得心心相印处，雪泥鸿爪任前因。

1936 年端午节，也是孟去世前一年。孟广慧看到弘一大师早年的几方印章后，思念这位遁入空门的旧友，写下诗以示纪念。诗中的江南话别，是指孟四十多岁时曾到杭州，与弘一大师有过会面。

王吟笙（1870—1960），天津人，天津女学创始人之一。精通书画篆刻、诗词联语。其水墨山水画喜用刚健的勾勒与水墨晕染相结合的手法，以此达到秀润明丽的效果。楹联成就亦属不凡，作品"华盖平飞风鸟细转，鹢舟乍动朱鹭徐鸣"获得业内赞誉。

王吟笙和李叔同少年时代都生活在天津粮店后街，王比李年长 10 岁，他们是近邻又是挚友。李叔同在青年时代，曾给吟笙刻过数方图章，王一直珍藏并使用。

王吟笙早年兴办教育，李叔同曾给予支持。李叔同对王的书画作品尤为珍惜，出家前，王吟笙赠给他一把字扇，他曾多年精心收藏。李叔同对王吟笙的山水画很欣赏。据张牧石（诗人、书法篆刻家、金石书画鉴定家)先生讲,王吟笙在世时,张为其整理画稿,找出一幅王吟笙所绘绢本山水,上有李叔同所题一首仄韵七绝,王吟笙让他用李叔同原韵也题了一首书于画上。张牧石先生所题为:

> 驱使胸中万卷书,鹅溪半幅寻诗去。
>
> 自家醉墨自淋漓,画到烟岚浮翠处。

至于李叔同原诗,今已无法得见,唯其对王吟笙山水画的激赏和珍爱,倒是确切的。

1939年弘一大师六十寿辰,众师友学生纷纷祝贺。澳门《觉音月刊》和上海《佛学半月刊》,为他出了专刊。丰子恺画《续护生画集》六十幅和佛像一千尊奉寿。早年旧友王吟笙、曹幼占、姚彤章、杨味云、马一浮、柳亚子、吕碧城等人写诗词祝贺。在众多贺寿之礼中,王吟笙的寿诗,最能道出弘一大师青少年时期的文艺修养,以及二人对金石的共同嗜好和诗书渊源,《怀弘一大师》全诗长达三十二句,一百六十个字:

> 世与望衡居,夙好敦诗书。
>
> 聪明匹冰雪,同侪逊不如。

猥以十年长，谦谦兄视余。

少即嗜金石，古篆书虫鱼。

铁笔东汉字，寝馈于款识。

唐有李阳冰，摹印树一帜。

家法衍千年，得君益不坠。

为我治一章，深情于此寄。

忆自君南游，悠悠数十秋。

树云思不已，岁月去如流。

比闻君祝发，我发早离头。

君为大大师，我犹浮生浮。

老赓翰墨缘，远道寄楹联。

经言开觉路，书法示真诠。

笔墨俱入化，如参自在禅。

装池张座右，生佛在吾前。

李叔同天津时期的朋友圈，多系文人学者或教育界人士，都比李年长，人生阅历丰富，大多潜心艺术，淡泊名利，聚会目的相对纯粹，少了互相吹捧，多了客观点评。诗文唱和，金石书画，完全在一种毫无市侩干扰的氛围中，进行艺术切磋。这种纯粹探讨艺术的聚会，对各自艺术精进大有益处，作为年轻的李叔同，在诸多前辈高人的熏陶下，收获是最多的，也是最大的。

李叔同交友也是有选择的，他交往的都是真正的朋友。不管在出家前还是出家后，这些朋友都不曾疏远他，与他保持着密切联系。天津时光，他们因为兴趣爱好、审美趣味及艺术追求一致，深交可以理解。在李叔同出家修行后，这些朋友仍和他保持着良好的关系，不得不说是情谊的见证。

八、娶了一房不爱的原配

李叔同夫人俞氏

李叔同的婚姻，是由母亲包办的。18 岁时，李叔同迎娶了天津南运河边芥园茶庄女俞氏为妻。李叔同属龙，俞氏属虎，比李叔同大两岁。家中保姆曾戏言，这对夫妻是龙虎斗的命相，一辈子合不来。虽是一句迷信话，却不幸言中。二人结婚后，性格不合，相处时间加起来也不过七八年，就在这有限的时光中，李叔同也是忙于工作和社交。

1905 年夏天，李叔同赴日留学，六年后回国，仅在天津住了半年。1912 年春节前，应沪上挚友杨白民之邀，受聘于上海城东女学。临行之时，李叔同委托盟兄李绍莲代为照顾留津妻眷，嘱咐俞氏，往后有什么事，就去找李（绍莲）三大爷。当时李叔同已经和福基在上海组建另一个家庭。

李叔同出家前，事先并没有通知原配夫人俞氏。出家后，二哥李文熙曾建议俞氏到杭州劝说丈夫还俗。俞氏推辞说，您不用管了。俞氏在天津一边养育儿子，一边到刺绣学校学习，后来还在家里办班教人绣花。俞氏于1926年在天津病逝，终年48岁。

在杭州出家的弘一大师接到俗家寄来的报丧信，没有回复，也没有回津吊唁。遁入空门，跳出红尘，以前的情事都是回忆，就是再向你招手，也只能给它个背影。

李叔同 1898 年摄于天津家中

1900 年 11 月，长子李准在上海城南草堂诞生时，李叔同曾写过一首词，也算是夫妻二人为数不多的心灵互动了。该词为《老少年曲·梧桐树》：

梧桐树，西风黄叶飘，夕日疏林杪。

花事匆匆，零落凭谁吊。

朱颜镜里凋，白发愁边绕。

一霎光阴底是催人老，有千金也难买韶华好。

李准出生时为深秋。其词作大意为：梧桐树在秋风中黄叶飘零，夕阳落入稀疏树林的梢头。无意间看到妻子，年轻的容貌已衰老，白发在愁苦的脸庞缠绕。不禁感叹：光阴好像一眨眼就过去了，真是催着人变老，即使有千金钱财，也难买好年华。

九、纠结的青春险境

结婚意味着自立门户，承担起家庭的责任。此前的李叔同，是个有艺术气质的富家公子。除了和诸友聚会外，他还迷上了京剧。曾拜刘永奎（注：天津花脸票友。曾在周信芳1921年编演的《王华买父》中饰八贤王）为师学演武生，后在《落马湖》《趴蜡庙》中粉墨登场，扮演黄天霸、褚彪等，一招一式，有板有眼。

这段看似普通的经历，是旅日期间创办春柳社并饰演"玛格丽特"的前兆。有了良好的京剧武生功底，再从事话剧表演，自然比别人驾轻就熟。大胆假设一下，也许这一时期，李叔同也曾扮演过青衣旦角，在台上挥舞长袖，发出莺声燕语之声。

就在这时，李叔同遇到杨翠喜。杨翠喜是我国最早的京剧女名伶，是当时红极一时的名演员，十二岁随家迁往天津居住。杨翠喜天赋极高，

十四岁就在天津协盛茶园、大观园、福仙、景春等戏园演出，戏目有《拾玉镯》《卖胭脂》《青云下书》，等等。杨翠喜当红时与李叔同相识，两人交往很深，有过感情纠葛。

李叔同 1901 年春由沪返津，曾到北京看望过杨翠喜，1905 年他写下《菩萨蛮·忆杨翠喜》两首词：

一

燕支山上花如雪，燕支山下人如月。额发翠云铺，眉弯淡欲无。夕阳微雨后，叶底秋痕瘦。生怕小言愁，言愁不耐羞。

二

晚风无力垂杨懒，情长忘却游丝短。酒醒月痕低，江南杜宇啼。痴魂销一捻，愿化穿花蝶。帘外隔花阴，朝朝香梦沉。

有些事心里想着，未必非得说出口。有些话心里装着足矣，说出来反而散失了味道。李叔同把对"旧友"难以言说的思念，化作诗句：花似雪一般白，人如月一般皎洁。说的是，无论世人如何非议，杨翠喜在李叔同眼中，是纯洁的姑娘。痴情的心有一点悲伤，希望变成蝴蝶穿花飞，天天沉醉在花丛梦境中。说的是，我们的青春遭遇险境，如果不是生在乱世，或许真的有可能……

十、"乱世悲歌"的掌声

本来孱弱的晚清，国穷兵弱，奴相毕露，诸事权宜妥协。1894 年甲午战争战败，1897 年德国占领胶州湾，1898 年英国占领威海卫……偌大之中华，从朝廷到百姓，都认为应当从教训中吸取经验，学习西洋先进技术，从根本上改变中国落后的局面。这就促使一批具有先进思想的中国人，寻找开辟挽救国运的道路。然而呼吁者众多，实干者甚少。

关键时刻，康有为和梁启超两个读书人站了出来。1895 年康有为、梁启超这对师生率领 1300 名举子联名上书清光绪帝，反对清政府签订丧权辱国的《马关条约》，提出改革维新的救国方针。这次千人上书事件，被称为"公车上书"。"公车上书"提出四项解决办法：（一）下诏鼓天下之气；（二）迁都定天下之本；（三）练兵强天下之势；（四）变法成天下之治。

这次上书闹得沸沸扬扬，但没有实际效果，洋洋万言的"书"，也不知道被哪位官员当了手纸。1898年康有为再次上书，这次的"书"直接递到了光绪皇帝手上。皇帝于该年6月11日发布变法上谕，6月16日和7月3日分别召见了康有为和梁启超，震惊中外的戊戌变法拉开大幕。

变法试行三个多月后遭慈禧镇压。皇帝被囚，六君子死于菜市口。康梁二人星夜逃往天津，秘密乘船流亡，一个去了香港，一个去了日本。中国大地一片死寂，人们处于思想上的窒息期，直到1911年辛亥革命爆发，国民的死亡心灵才被民主和自由唤醒。

国家风雨飘摇，青年李叔同感应着风云变幻，他的思想境界也随之发生变化，他期待着天降斯人力挽狂澜。康梁的横空出世，恰巧符合他的爱国意愿，他自然击掌叫好。李叔同或许没有意识到，一个国家的命运非一二人之力可以改变，他对康梁的声援，确切地说，还是一种带有文人气息的理想主义。

李叔同刻下一枚图章，上写"南海康君（注：康有为原籍广东南海，又名康南海）是吾师"。此七字表明李叔同的态度：支持康有为变法。

1897年至1898年夏，李叔同应天津县学考试，写过六篇时事评论文章。对于当时的时局变幻，谈了自己的看法。这六篇文章是：《致知在格物论》《非静无以成学论》《论废八股兴学论》《行已有耻使于四方不辱君命论》《乾始能以美利利天下论》《管仲晏子合论》。

其中《管仲晏子合论》最能道出李叔同内心暗藏的支持维新变法的潜流：

> 闲尝读史至齐威王宣王世。而地方三千里，带甲数十万，粟如邱山。三军之众，疾如锥矢，战如雷霆，解如风雨。窃叹齐以弹九之邑，何竟若是之繁盛乎！而不知溯其兴国者有管仲，溯其保国者有晏子。

不言而喻，齐国之所以强盛，既离不开圣明君主，也离不开能人志士的辅佐。能人者，管仲和晏子最负盛名。放眼当下，中国有几个管仲、晏子这样的人才，应能重振国威，告别屈辱。他说的不就是心中偶像康有为吗？如今维新失败，龙翔东瀛，鱼鳖横行，李叔同的心情很苦闷。

让李叔同苦闷的还有，才华横溢的他求学多年，竟连个秀才都没考上。"策论"试卷中流露出的新思潮和新语句，在阅卷考官看来，实属离经叛道。随便找个理由，就取消了其晋级资格。李叔同一生参加科举考试多次，均因各种原因名落孙山，无缘仕途。以他的才学，实在是

耻辱，亦是遗憾。

前途一片暗淡，索性离开这片伤心的土地吧。又因那枚与康有为有关的图章外泄，被人疑为"康梁同党"，其母担心其惹上麻烦，便劝其外出避祸。伯父李世荣在上海开钱庄，因经商有术，积累万贯家财，正好投奔。李叔同在报考南洋公学时，曾在履历上如此填写家庭关系：本生祖李锐，祖父李锟，生父李世珍（李筱楼），伯父李世荣为父，并为承祧。伯父无儿无女，要李叔同前去承祧（过继为子嗣）。

1898年秋天，李叔同奉母携眷从天津塘沽启程，坐船到了上海。清末的黄浦江畔，书坊比邻，报馆林立，名仕云集。初露锋芒的李叔同，将在这片土地上开始另一种生活。而他依然还是位公子哥，依然难改声色犬马，骄奢淫逸的风气。李叔同的前半生，年轻人该犯的错，他都犯过，这是成长必须付出的代价。而他的后半生，是在不断反思与改过中度过，那不是忏悔，而是另外一种修行。

第三章 才子

天津与上海是近代中国的"孪生兄弟"，两者有很多相似之处。19世纪中叶以来，天津与上海逐渐发展成为国际大都会，成为中国的经济中心、贸易中心、金融中心和文化中心之一。天津与上海的建筑和文化场所大体相同，天津有的，上海差不多都有。因此说，去上海，对于李叔同来说，等于到了另外一个"天津"。

李叔同结识了许幻园、袁希濂等沪上名士，结拜为"天涯五友"。值得注意的是，"天涯五友"成员皆才情横溢，有救国救民之抱负，除蔡小香外都信佛，后来中年(晚年)亲近佛教，一个出家为僧，三个做了居士。是前世注定，还是今生的缘分？

一、最闲逸的时光

　　到了上海后，李叔同和家人住在法租界卜邻里。当时上海有影响力的几家报纸，举办诗钟，胜者给予奖励。诗钟是清代为了培养儿童的对联能力，出现的一种教育活动，是学习对联的初始阶段。张之洞曾在山东、江苏、湖北等地大力倡导。

　　具体做法是，用两件不相干的事物或成语，规定必须成为互为对仗的两联，或分别嵌入两联中某个指定的地方，在规定时间内交卷。李叔同少年时就进行过诗词对联的强化训练，对这种文字游戏得心应手，数次拔得头筹，因此名声大振。

　　1900年秋，李叔同将所搜集的诗钟编为《诗钟汇编初集》出版，配以序言，内题"当湖惜霜仙史识"。同时又将《李庐印谱》出版。

　　两年后，李叔同的名望引起沪上媒体《春江花月报》的注意，该报

纸于 1901 年 11 月 22 日，举办第一期诗钟，拟出的题目是"钱／水烟筒"，
并隆重邀请李叔同前来主课。当时打出的广告是：

　　　诗钟　春江花月社第一期诗钟

　　　钱　水烟筒

　　春江花月社第一期，
为当湖惜霜仙史值课。月
杪（读 miǎo）截卷，逾期
不收。与课诸君可将大作
缮写本社卷格，裁下，投
送本馆。不取号金，不给
收条。但卷末须各打小印，
以便揭晓，凭领赠彩。有
不用本社卷格以及两卷并
写一格者，概从割爱。
　　这次活动应征者众多，
能入李叔同法眼的佳作甚

李叔同 1902 年摄于上海，风度翩翩一公子

少，结果没选出获胜者。

声名鹊起的李叔同，被上海文坛青年领袖许幻园发现。许幻园（1878—1929），自幼饱读诗书，授业于清末名士王滔、江标门下。诗文书画俱佳，家境富裕，为人慷慨仗义。著有《二十自述诗》《城南笔记》等。

1897 年春，许幻园在上海城南青龙桥买下一块地，按照江南庭院风格盖起宅院，取名"城南草堂"。一年后，许幻园与袁希濂在城南草堂创办"城南文社"，每月会课（文）一次，聘请张蒲友孝廉阅卷评定甲乙，目的是提倡新学诗文。许幻园出资悬赏征文，初涉上海的李叔同向文社投稿，数次获得好评，许幻园欣赏其才华，力邀入社。

1898 年底，李叔同首次现身参加城南文社会课，在众人期待的目光中，一位翩翩公子走进草堂。只见他丝绒碗帽，

李叔同 1899 年摄于上海城南草堂，
与文友毛子竖（右）留影

正中缀一方白玉，曲襟背心，花绸袍子，脑后扎着黑色发辫，下身缎带扎裤管，双梁头厚底鞋子，身形挺拔，眉目之间流露英气。许幻园见之，生出相见恨晚之感。

课题分两种，文题当日完成，诗赋小课三日后交卷。张孝廉出的文题很长，为《朱子之学出于延平，主静之旨与延平异又与濂溪异，试评其说》。朱子即朱熹，宋朝著名理学家，曾提出"存天理，灭人欲"的理念。

李叔同的父亲李筱楼，中年时期对宋明理学和王阳明的心学颇有研究。父亲去世时李叔同5岁，并未得到父亲言传。但父亲留下的理学经典，青少年时代的李叔同必然读了不少，具备一定理学功底。在天津参加县学时，又写过《格知在格物论》等分析评论文章，因此看完题目后胸有成竹。李叔同稍加思索，很快写毕文章。张孝廉阅后大赞，文章被众人传阅，皆为之惊叹。小题《拟宋玉小言赋》三日后交卷，格式规范，文采飞扬，又获赞誉。首次以文会友，李叔同被评为"写作俱佳，名列第一"。

明晃晃的才华是需要知音的，许幻园为李叔同的才华倾倒，引为知己。为便于朝夕相处切磋文艺，许幻园特地在城南草堂辟出专区，邀李叔同一家搬来居住。

城南草堂位于上海南门附近，草堂边有一小浜缓缓流过，浜上跨有苔藓苍古的金洞桥，桥畔的两棵大柳树已有百年。小桥流水，车马声稀，于热闹的上海滩算是一处幽静的场所，适合习静创作，修身养性。站在草堂外，东望黄浦，来往帆樯，历历在目。

1900年1月，李叔同入住城南草堂。所住之处上挂"醾（读mí）纨阁"匾额，目睹右室书房缺一块匾，许幻园仿薛慰农（注：清朝咸丰年进士，曾在杭州做官）观察之"薛庐"先例，题书"李庐"相赠。李叔同拍手叫好。从此李叔同便有了"李庐"、"李庐主人"、"醾纨阁主"等别名。人生逢一知己足矣，遇到许幻园，为李叔同打开了一扇门，使他忘记了"康党"所带来的隐忧，更让他有了安定的居所，度过一生最为闲雅的文士生活。

1900年春，许幻园新著《城南笔记》付梓，李叔同为之作跋，题写书房对联："隐居求志，闭户著书。"相处的美好时光，让李叔同生出欣遇知己、置身良朋之感。他写下《清平乐·赠许幻园》词作：

城南小住，情适《闲居赋》。文采风流合倾慕，闭户著书自足。阳春常驻山家，金樽酒进胡麻。篱畔菊花未老，岭头又放梅花。

1900 年秋，许幻园夫人宋梦仙绘得《城南草堂图》。为求此图编刊成书共结墨缘，许幻园征求上海名士为之题句。宋梦仙引用借取许幻园的诗句，自创一首诗曰：

> 花落花开春复春，城南小住寄闲身。
>
> 研（砚）前写画心犹壮，莫为繁华失本真。

李叔同亦如法炮制，即取张蒲友《许幻园二十自述诗题词》中的句子"无真无幻，无幻无真"，即兴得诗《和宋贞（梦仙）题城南草堂原韵》：

> 门外风花各自春，空中楼阁画中身。
>
> 而今得结烟霞侣，休管人生幻与真。

宋梦仙是颇有才华的大家闺秀，幼年跟随王滔学习诗词文章，后又就灵鹣京卿（清末名士江标，著有《灵鹣阁丛书》）学，画宗七芗家法，得其神韵，有出蓝之誉。

　　这是才女宋梦仙与叔同第一次诗文唱和。诗中的"烟霞侣"有所指，许幻园有一妻一妾，妻是大家闺秀宋梦仙，妾是京剧花旦苏琴。宋梦仙体弱多病，伺候丈夫起居多为苏琴负责。苏琴为其诞下一双儿女许李明和许白明。这样一种家庭关系，并没有产生矛盾。相反，妻妾之间相处融洽，苏琴的孩子被宋梦仙视为己出。

　　许幻园与宋梦仙既是夫妻又是文友，关系融洽又有共同语言，被朋友比作宋代的赵明诚与李清照，赵孟頫与管道升夫妻。这对让人羡慕的夫妻，被李叔同称为不识人间烟火的"烟霞侣"，再贴切不过了。

二、相聚与离散

1900 年 3 月 25 日，华亭诗家许幻园、宝山文人袁希濂、津门才子李叔同、江湾儒医蔡小香、江阴名士张小楼于上海南市徐市园聚会，结为莫逆之交，合影留念，号称"天涯五友"。宋梦仙在合影上为五人一一赋诗题咏。为李叔同题咏为：

> 李氏文名大如斗，等身著作脍人口。
>
> 酒酣诗思涌如泉，直把杜陵呼小友。

此诗再现了李叔同才华横溢、出口成章的形象。杜陵即杜甫，出自其作《自京赴奉先县咏怀五百字》第一句"杜陵有布衣，老大意转拙"。宋梦仙说，李叔同醉时思如泉涌下笔有神，称杜甫为小兄弟。可见青年

时的李叔同，在他人眼中意气风发傲视群雄。

五友之袁希濂（1873—1950），又名袁仲濂。诗文书法俱佳。早年肄业于上海龙门书院，后加入城南文社，入上海方言馆学习。1904年赴东京法政大学留学，1911年回国，曾任天津、杭州、武昌、丹阳等地司法官多年。

袁希濂后受弘一大师佛法感染，皈依印光大师，做了居士。1920年袁希濂由杭州调往武昌，与弘一大师告别。弘一大师说老友袁希濂生前也是和尚，要朝夕念佛。并向他推荐了《安士全书》，嘱其必须阅读，不可忘却。袁希濂记下了这句话，但并未在意。

《安士全书》为清末畅销书，由周安士居士所著。书中讲了许多含有佛家思想的历史故事，全书共分四部，依次为《文昌帝君阴骘文广义节录》《万善先资》《欲海回狂》《西归直指》。

与弘一大师同一时代的印光大师，称其为"善世第一奇书"，该书被佛教界公认为是准佛经。近现代文化名人鲁迅、夏丏尊、丰子恺等对其极为推崇。弘一大师深受此书影响，对其弘扬佛法提供了理论上的支持。

谈到杀生，《安士全书》中有这样的问答——

问：招待亲朋好友吃饭，如果只有蔬菜，气氛就不太欢快，要有好酒好肉才算尽了主人的责任。如果为了不杀生，而牺牲宴会享乐，这就不符合待客之道了。

答：如果亲朋好友心地善良，就一定高兴我能戒杀，不会认为餐桌上没有肉就是轻慢客人。如果认为我这样做是待人不礼貌不热情，那么这个人肯定是贪图口腹之欲的人。即使轻慢了他也没什么大不了的。冒着杀生的重罪，而去满足别人的口腹之欲，这样的蠢事我是不会做的。

问：盛情待客，这是礼节，如果菜肴过于简单，在礼上是讲不过去的。

答：待客之礼与其奢侈不如节俭。摆了一大桌菜，鱼山肉海，这也是仁义之人所不愿意的。做人缺少仁义，在礼上也是讲不过去的。

谈到放生，有这样的问答——

问：我买放的那些生命，又被别人捕捉去了，怎么办？
答：他捕他的，你放你的。正如良医给人治病，并不保

证病人将来不死。又如灾年舍粥，并不保证灾民以后就不再挨饿。又好比修建高楼大厦，也不保证它永远不倒。世间万事万物都是这个道理，为什么对放生就顾虑重重呢？今天的人争名夺利毫无顾虑，唯独做善事就左右畏缩，总觉得这样做不好，那样做也不好，裹足不前。要知道，我们这个婆娑世界就是因此而来的。

问：那些生命捕捉时已有损伤，即使买来放生，也不见得能活命，又何必白白浪费钱财呢？

答：既受了伤就更加可怜了。如果因你买放而得以活命，这是大功德，万一死了，也得以善终，不致受汤烹油炸之苦。正如牢中囚犯，知是无辜要释放，有病要医治，不能因他生病了就置之不理。

《安士全书》为袁希濂打开了信仰之门，这是弘一大师的功德。1926 年袁希濂在丹阳任职，偶然看到《安士全书》，他再次想起弘一大师的话。翻阅之后大彻大悟，不久便在家中设立佛堂，供奉佛像，每日清晨跪诵《大悲忏》。接着又购得《大悲心陀罗尼经》，认真研读。

这年三月，袁希濂做了一件奇事。当时丹阳城内大火，作为地方官的袁希濂，亲自到现场指挥救火。由于火势较大，井里的水都用干了，需要到城外运河取水，真是名副其实的远水解不了近渴。慌乱中，袁希濂急中生智，对着大火默诵大悲咒，以求火熄。约一刻钟，有楼房坍下，大火被盖灭。

信佛后的袁希濂奇事不断。1927 年袁希濂卸任后回上海，到新闸路陈家浜太平寺皈依印光大师。腊月二十日起，从上师持松大师学习密宗以及施食灵供等法。1928 年二月初八日圆满。

1927 年，弘一大师有北上探亲之意，转道上海，与许幻园、袁希濂、张小楼等在丰子恺家中见面。这次见面之后，袁希濂对佛教思想的理解更加深入，甚至到了痴迷的境地。一日雨后，街上有位出家人乞讨路费，跪倒在袁希濂面前。袁希濂不敢怠慢，也如法炮制地跪了下来。路人惊奇，衣着考究的上等人为何给乞讨的和尚下跪？按照佛门规矩，只有出家人接受居士的跪拜，反之则不能。敬佛必先礼佛，袁希濂是真的领悟到佛之真意了。

1950 年 11 月，袁希濂在苏州安详而逝。临终前让妻子为其沐浴更衣，并拈须微笑，嘱家人不许哭泣，说罢，卧床安详而逝。遗体火化，骨灰色白如珂雪，顶脑骨作莲瓣状，终于功德圆满。

五友之张小楼（1877—1950），又名张楠。精通儒学、书画。1900

年自日本法科大学毕业回国后，历任南京江南高等学堂、两江优级师范学堂教习，北洋政府任国务院翻译官、外交部编译员、上海铁路税务局局长。张小楼还有一个身份，即爱国人士李公朴岳父。

张小楼的艺术成就可见朋友"灵鹣阁主人"江标《小楼主人真草隶篆梅兰竹菊规润》："小楼主人少年劬（读 qú）学，偶为书画，亦冠绝行辈，绛树双歌，黄华两牍，不是过也。"

1900 年 3 月底，"天涯五友"在上海福州路杨柳楼台旧址联合发起成立"上海书画公会"，张小楼任会长。当时有一则报道可知其动态："小楼主人指书指画，每日一二点钟，在书画公会，凡蒙赐教概可坐观立应，广结墨缘。"张小楼兼擅指书指画，别具风貌，且能临场发挥。

1901 年，张小楼应东文学堂之聘，离开上海去往扬州；李叔同入南洋公学特班就读；袁希濂进了广方言馆；许幻园纳粟出仕；蔡小香则忙于行医。"天涯五友"各自忙于事业和学业，再也无暇专注于文艺，他们所主持的城南文社和上海书画公会也难以为继，于无形中解体。

张小楼晚年皈依佛门，自号尘定居士。为支持女婿李公朴创办"北门书屋"，张小楼、张曼筠父女和"三艺社"成员，联合举办书法、绘画、摄影展，作品公开拍卖，为书屋开办筹集资金。1950 年 12 月，张小楼在上海去世，享年 74 岁，是"天涯五友"中最长寿的。

五友之蔡小香（1862—1912），出身中医世家，青年时专心辞赋诗韵。与父蔡砚香、子蔡香孙同为上海三代妇科名医。著有《种橘山房医论》《妇科述要》《女科秘笈》《验方秘录》等方。

李叔同曾为蔡小香写过四首诗，名为《戏赠蔡小香》：

一

眉间愁语烛边情，素手掺掺一握盈。

艳福者般真羡煞，侍人个个唤先生。

蔡小香是妇科名医，李叔同或许亲眼见过蔡看病时的场景，故以轻松幽默的文笔予以还原。同时也臆想蔡医生当时的心理活动，非常传神。朋友之间的玩笑无伤大雅，换作别人，蔡小香未必接受。

这首诗说的是蔡医生与美人对烛而坐，那愁眉软语撩人情思，那白嫩细软的小手惹人怜爱。美人们围绕身旁，亲昵地叫着"先生"，这样的艳福令人羡慕。

二

云鬟蓬松粉薄施，看来西子捧心时。

自从一病恹恹后，瘦了春山几道眉。

看到就医的女子发髻蓬松，粉也只是薄薄的一层，就像西子捧心一样娇弱。美人生病以后，蔡医生也愁得瘦了几圈。

【注：西子捧心，西施据说患有心口痛的病（胃痛），每逢犯病，她就皱着眉头，用手按着心口。古人觉得这是病态美。】

三

轻减腰围比柳姿，刘桢平视故迟迟。

佯羞半吐丁香舌，一段浓芳是口脂。

说的是蔡医生为女士号脉看舌苔时，双方的情态。女患者腰似柳条又细又软，神情高傲目光故作迟钝。假装羞涩轻轻吐一下舌头，鲜艳的唇膏显得格外的艳丽。

【注：刘桢，"建安七子"之一，才学甚高，性情孤傲。有一次曹丕宴请众文士，席间兴致很高，命夫人甄氏出来见面。众人惶恐，匍匐于地，不敢仰视，只有刘桢平视不避，险些被治"不敬之罪"。】

四

愿将天上长生药，医尽人间短命花。

自是中郎精妙术，大名传遍沪江涯。

蔡医生希望拿来天上的长生之药，医治人间所有短命的花朵。李叔同赞许道，这位神医真是医术精妙，他的名声传遍上海滩。

1912 年蔡小香在上海去世，只活了 50 岁，是"天涯五友"第一个告别人世的。剩下的"天涯四友"写过纪念诗文，可惜已甄没无闻，是为遗憾。

五友之许幻园，凭着一腔文人气闯荡官场，屡遭碰壁，终至穷困潦倒。李叔同于 1914 年秋天由杭州到上海度假，到城南草堂找老友叙旧。没想到看到的却是一幅凄凉的画面：美如江南小筑的城南草堂，在秋风瑟瑟中破败不堪，桥亭楼阁大半荒芜，全然没了昔日美丽如诗的意境。物是人非，恍如隔世！李叔同想起，当时坐车从草堂到市区，给十四文大钱就算阔绰。小浜犹在，大门更换了颜色，似乎已换了主人。

许幻园请他在其亡妻宋梦仙所画花卉横幅上题词，李叔同诗曰：

人生如梦耳，哀乐到心头。

洒剩两行泪，吟成一夕秋。

慈云渺天末，明月下南楼。

寿世无长物，丹青片羽留。

诗前有李叔同所作题记：……这幅画作于庚子年九月，当时我正在城南草堂侍奉母亲。花开的早晨，月明的夜晚，母亲总是叫来大姐说诗评画，以此为乐趣。大姐多病，母亲为她煎药，把她看作亲生女儿。壬寅年荷花开放时大姐故去。过了三年，乙巳年，母亲也故去。我于是漂泊到海外，漂流不定，无依无靠。回忆过去的日子，家庭的快乐，唱和的雅趣，恍惚间几乎像是另一个世界了。我的幻园内兄给我看这幅画，让我题词。我怕逝去者被遗忘，悲叹活着的人十分艰难，写了短句，来表达悲哀和思念。

1926 年夏天，弘一大师由杭州前往庐山，参加金光明法会。在上海候轮期间，住在丰子恺家，他再次踏访草堂故居。哪里晓得，草堂竟然挂着"超尘精舍"的匾额，后来得知，此地就是城南草堂旧址。

弘一大师带领丰子恺等进入室内，装修一切如旧，不过换了洋式的窗户与栏杆，刷上新漆，墙上添了些花墙洞。屋外的小浜不见了，金洞桥也不见了，那些熟悉的花草树木也不见了，所有旧的值得留恋的都不见了。一切都变了，只有头顶的太阳和空气中的味道一如往昔。李叔同不时地向众人介绍，你们看，这是公共客堂，这是我的书房，这是我家私人会客厅，这是我以前楼上的卧室，这是挂"城南草堂"匾额的地方……

草堂已换了主人，由一个开五金店的人买下后，送给和尚们诵经念佛。李叔同从"超尘精舍"出来，在附近一间破旧的房子里找到了许幻园。年近五旬的许幻园晚景凄凉，住着一间小房子，靠教人识字维持生计。老友相见，一个出家，一个穷困，往事重现，悲怆隐痛，唏嘘再三。良久，两人才破涕为笑。

晚年的许幻园在弘一大师的影响下做了居士。1929 年这位昔日的上海文坛盟主在大王庙去世，临终前嘱咐妻子苏琴让儿子像弘一大师那样做事认真，长大后学习艺术……

五友之李叔同，后面发生的故事众所周知。考取南洋公学师从蔡元培，后因学潮退学。与同学黄炎培等参加马相伯、穆藕初等发起成立的"沪学会"。1905 年母亲去世后赴日留学。1911 年回国后，在天津短期任教，后应杨白民之邀到上海城东女学任教。在《太平洋报》做编辑，1912 年到浙一师任教，直到 1918 年出家。后苦修律宗，弘扬佛法，成南山律宗第十一代祖师。1942 年 10 月 13 日，在泉州温陵养老院晚晴室圆寂。

值得注意的是，"天涯五友"成员皆才情横溢，有救国救民之抱负，除蔡小香外都信佛。后来中年（晚年）亲近佛教，一个出家为僧，三个做了居士。是前世注定，还是今生的缘分？确实值得人们去探寻。

自古文人就与佛教有着千丝万缕的关系，陶渊明、谢灵运、白居易、王维、苏东坡、柳宗元、王安石、黄庭坚等，都曾与佛教结下深厚的因缘。其中白居易、王维、苏东坡、黄庭坚更是皈依了佛教。甚至曾经反佛激烈的韩愈、欧阳修也分别在亲近大颠禅师与明教禅师之后，省悟以往之不是，忏悔罪愆，在佛法里找到安身立命之处。

文人为何青睐佛教？主要是因为，文人对人生的体验较常人为切，对境遇的感悟较常人为深，而佛法的微妙教理，如因缘果报、无常苦空、三世轮回等思想，阐明了宇宙人生的实相，正可以解开他们对人生的迷惑，满足他们追求真理的饥渴，并且开阔了他们的思想领域与创作空间，所以历来为文人所喜爱。

另外一个原因是，文人雅士性喜静，而佛教寺院大多建筑在山林水边，不但景致优美，而且环境清幽、宁静。大部分僧侣事实上是另一层面的知识分子，他们博览群书，吟诗作词，谈古论今，比目不识丁的贩夫走卒有更多的文化修养，否则如何阅读佛经，弘扬佛法？文人与僧侣交往，就是与懂佛的知识分子交往无异。

唐朝以降，中国施行科举制度，文人通过寒窗苦读金榜题名，都曾侧身庙堂，身居高位。他们往往执着于理想，敢向当权者进言，常常因此获罪被贬。当这些学养渊博、满怀理想的知识分子仕途不得志，而且身处文化未开的蛮荒之地，精神、心灵的孤寂无以为寄，便转而移情山水，或者出入高僧之门，终而在佛法里找到了心灵安顿的皈依之处。

我们把目光拉回到李叔同所处的民国，国家一盘散沙，世道乱如麻。加之清政府 1905 年取消科举考试，击碎了文人们的科举梦，他们的内心是苦闷的。这一时期的文人，有着各自的不幸。家道中落者有之，仕途遇阻者有之，自暴自弃看破红尘者也有之，他们内心大多有生逢乱世，郁郁不得志的纠结；他们笔下的文字，自然也会烙上那个时代的印记。

就算是诗文唱和，在美丽动人的文词与性情挥洒以外，还是能读出暗含着的愁绪。他们的文字，必然倾向于教化世道人心、陶冶人格性灵，导人向真向善向美。弘一大师推荐给袁希濂的那本《安士全书》，其他三友应该都看过的。由于文人受到佛教的熏陶，故能在文字上发挥补偏救弊、使人心转恶向善之功，而不致流于无病呻吟、遣词造句的文字游戏。可以说，佛法丰富了文人的生命，开拓了文学的新面貌，而文人学佛则助长了佛法的宣扬。儒与佛，文与法，皆为因缘善果。

三、积累办报经验

"书画公会"成立于 1900 年 3 月,会员除"天涯五友"外,还有
汤伯迟、朱梦庐、乌目山僧、高邕之、吴梼、许鐆诸等。宗旨是:通过
定期交流切磋,把名家会员的作品广泛推向社会。书画公会当时还特地
打了广告:

> 本会以提倡风雅、振兴文艺为宗旨。专印书画篆刻各件,
> 概不登载,以杜流弊。愿入会者,本会即酬以各款利益。欲
> 登告白,另有章程,载明本报,会设四马路西大街新街口杨
> 柳台旧址。

从上面的文字可以看出,公会并没有随波逐流地称什么什么"社",
也不冠以什么什么"雅集",而是称"公会"。一个"公"字,凸显出现代观念。在当时，明确以"振兴文艺"为目标的书画社团，是绝无仅有的。

当时的社会文化环境，"提倡风雅"已属不易。而上海书画公会，往前再迈一步，从宏观层面，关注艺术与社会、画家与时代的使命感。其专业性、专一性，也是史无前例的。被李叔同等称为"流弊"的，就是把书画图文、活动消息混杂于一般报刊之中，其定位不准确，内容混乱，读者往往读得一头雾水。

李叔同等人于 5 月 20 日创办《书画公会报》，为了争取更多读者，打开报纸销路，他们进行了尝试性的营销。比如，订阅全国各地新出的报纸，设立阅览室，供人取阅，并备有茶水待客，初期随《中外日报》随报赠送。

《书画公会报》每周出两刊，逢周三、周日出版，由李叔同担任编辑，署名"漱简"。这份报纸只存活了四个月，仅办二十九期。主要刊登公会同人的书画、文章。在该报上发表过作品的作者有：李叔同、张小楼、翁同龢、乌目山僧、任预、汪洵、宋梦仙、杨伯润、任鸿年、王春云、汪益寿、钱吉生、胡郯卿等。

《书画公会报》短寿，并不代表它的影响和意义的微小，它像闪亮的流星，闪烁着巨光，划破了新世纪沉闷的夜空，为清末民初上海金

石书画家的结社活动，起着开风气之先的作用。20 世纪初的上海，传统文化正经受着西方文化强力的冲击，李叔同等人能大力倡导中国传统书画的胆识，值得敬佩。

李叔同是《书画公会报》的主要编辑，他与大部分作者建立了广泛的联系与友谊。李叔同也因为《书画公会报》的创刊与编辑经历，激发了对书法和绘画的潜能，也积累了办报经验，为后期在《太平洋报》施展才华打下了基础。

四、与蔡元培二三事

1901年9月13日，李叔同易名"李广平"，以总分75、第12名的资格，考入上海南洋公学经济特科。蔡元培先生担任该班中文总教习。这一班的学生年龄较大，有的已成家立业，还有的之前就是秀才，但个个都是精英。蔡元培是新式教育家，他的教育思想自由开放，教育方法灵活多变，注重启发学生独立思考的能力。

李叔同、邵力子、黄炎培、谢无量等十多人，被公认为蔡元培先生的高足。特班日常课程是：上午读英文、算学，下午学中文，中间有体育课等户外活动。第一堂中文课，蔡元培开诚布公地对台下端坐的学生们说："特班生可学的门类很多，有政治、法律、外文、财政、教育、哲学、文化、伦理，等等，一共二十多门。你们可以自定一门，或二门，或三门。等大家选定后，我再给你们每人开具主要书目和次要书目，依

照次第，向学校图书馆借书，或者自购阅读。"

蔡元培又说，老师讲解辅导只是一方面，而且是次要的方面，主要靠你们自己去认真阅读领会。他的方法是，要求每人每天必须写出一篇阅读札记，交上来由他批阅。

学生的札记，蔡元培都有批语，优者在本节文字左下角加画个圆圈，更优者画两个圆圈。蔡元培还规定，学生每月写命题作文一篇，也由他批阅。当时蔡元培针对庚子事件、辛丑条约，让学生们就此写文论证，李叔同论文题为《论强国对弱国不守公法之关系》：

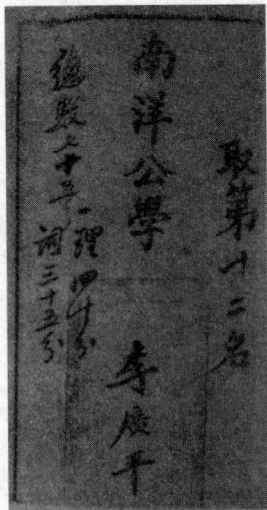

李叔同参加南洋公学考试的试卷

……世界有公法，所以励人自强。断无弱小之国，可以赖公法以图存者。即有之，虽图存于一时，而终不能自立。其不为强有力之侵灭者，未之有也。故世界有公法，唯强有力者，得享其权利。于是强国对弱国，往往有不守公法之事出焉。论者惑之，莫不咎公法之不足恃而与强弱平等之理相背戾。……

李叔同立论明确，强调了弱国的生存唯有自强自立之一途。在他看来，所谓公法，只对强国有利，他们享受既得利益后，依然欺负弱国、小国。那些弱小国家，要保持头脑清醒：强国对你好，只是暂时的、表面的，要想不被人欺负，必须强大自己，才有与大国坐下来谈判的资格。蔡元培对此文的评语是"前半极透彻"。

除了审读批改读书札记、命题作文，蔡元培每天晚上还召集两三个学生到他住所谈话，或是发问，或是和大家分享读书心得、时事感想。这种面对面的教授方式，对李叔同影响极大。他在浙一师执教期间，也曾效仿蔡师，在住所召集刘质平、丰子恺等学生座谈。

南洋公学重视外语学习，蔡元培在课堂上曾说，世界风云变幻，新旧事物更新很快，要想不落后，必须跟上时代的步伐。学外语就是与时俱进。要想了解国际时局，必须通晓外国文字，读外国报刊。英文是要读的，日文也是要读的。多读日文转译过来的现代内容的书，边学边译，练习笔译的能力。翻译西方（主要是日本）著作，让国人接受西学，早日醒脑。

在南洋公学期间，李叔同打下了良好的外语基础。在蔡元培的指导下，李叔同翻译了《法学门径书》和《国际私法》，于1903年出版。

其中《国际私法》译著被列为《译书绘编》杂志编辑出版的《政法丛书》第六编。《译书绘编》影响很大，专门编译欧美法政名著，启迪青年思想进步。李叔同的译著能被收入，说明翻译功力非凡，更说明这部译著的思想意义重大。

为了让学生更好地接触社会，炼就不凡口才，蔡元培让他们多练习演讲，并组织演讲会。蔡元培说，今日之学人，不但自己要学习新知识新思想，还要用学来的新知识新思想引导社会，开发群众。而现在的民众，大多数不识字，不能读书看报。怎样才能用我们学来的新知识新思想去开发他们呢？用口语，即用讲演去宣传，是一种极有效的方法。

蔡元培还拿伊索克拉底（与苏格拉底为师生关系）举例，说其曾用讲演点燃了广大听众的心灵之火。希望在中国，也能出现像伊索克拉底那样的大演说家，用口才去唤醒民众的心……

不久，演讲会成立，但面临一个尴尬的问题。特班同学大多来自江浙一带，用南方口音的普通话演讲，常遇到因发音不准而造成的笑场。李叔同来自北方的天津，讲的普通话相对标准，吐字也清晰，大家便请他传授普通话。当时的李叔同温和肃穆，虽然话不多，但和大家相处融洽。

　　演讲会举办了两次活动，一次为讲演会，一次为辩论会。讲演会的题目为《试列举春秋战国时爱国事实而加以评论之》，学生们都用新学国语发言，效果很好，这与李叔同认真教授普通话是分不开的。

　　这一时期的李叔同已成家，但还是按照学校的规定住宿，宿舍有一人一室的，有两人一室的。他独居一室，四壁都是书画，同学们很乐意和他亲近。放假抑或周末，李叔同便回城南草堂与家人相聚，此时他是一名在校的学生，遵守校方纪律，按时上课、考试，与其他学生无异。

　　进入南洋公学时，李叔同22岁，还未考取任何功名。那个时代的读书人，对这种境遇是不满意的，只要有机会，他们还是想走这条通仕之路。每个机会来之不易，必然会紧紧抓住。1902年9月，李叔同以捐生资格，参加了浙江省乡试。这一次他又名落孙山。当时评卷的潜规则是，考生答题须中规中矩，试卷上不得涉及新学思想，不得出现新学语句，否则视为违规，取消考试资格。

　　这种局面源自康梁的维新变法后遗症。变法后清朝政府在舆论上的封杀，达到前所未有的地步，科举考试则被视为第一阵地。李叔同无法忍受这种"歧视"，考完第二场后，就罢场而去，仍回南洋公学读书。返校不久，学校就爆发了"墨水瓶事件"，引发了一次震惊国内的学潮，李叔同因此中断学业。

事件焦点为，守旧派的老师压制学生的新思想。中学部第五班教员郭镇瀛，常在课堂上鼓吹封建帝制的圣祖武功，禁止学生阅读《新民晚报》等进步报刊，学生非常反感，师生关系很紧张。1902 年 11 月，

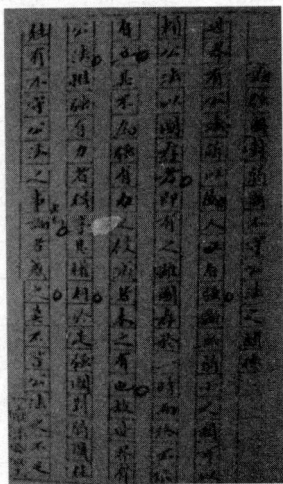

李叔同在南洋公学时的作文手迹

有学生误将墨水瓶放在郭镇瀛座位上，郭老师大怒，指责学生伍正均故意侮辱他。学生不服，据理力争，郭老师恼羞成怒，要求校方严惩学生。校长汪凤藻不问青红皂白，下令惩罚学生。最后发展为全级为请，斥全级；全校为请，斥全校。

有道德良知的中文教习员蔡元培愤怒了，他和其他教员一起，于 1902 年 11 月 16 日率领各自的学生在操场上集合。蔡元培表情庄严地对学生们说："汪总办（汪凤藻）不让我们完成学业，我们应该自动地组织起来，扩大容量，添招有志求学的青年学生来校进修，你们能胜任哪门功课就当哪门功课的教师。如果愿意回乡办教育，也是有前途的。"说罢，蔡元培带领众人走出南洋公学，酿成中国教育史上史无前例的退学风潮。

在这场学潮中，李叔同放弃了学业，到上海圣约翰大学当国文老师。执教期间，上海有家英国人开办的格致书院，院长叫傅兰雅。他在《申报》上开设专栏，名为"格致书院课案"，每月初一公布课题，内容分为策论和算学两种，征求答案。下月十五日公布征答结果。教学之余，李叔同多次参与。在1903年的十二次征答中，共获奖八次，最好的一次中了头彩。这些策论多为与中国社会相关的时政评论，由此可见，李叔同一直站在社会前沿，密切关注时政的风云变幻。

这年秋，李叔同又到河南参加了一次科举考试，可惜榜上无名。这次考试失利，让李叔同心灰意冷，理想的幻影被现实拖回到地面。不是李叔同才华不够，而是世道变了，抑或是李叔同与仕途无缘。蒲松龄、曹雪芹一生清苦，终生与功名无缘，不也实现了其人生价值吗？李叔同从此绝了仕进之心，一心一意当他的教师、办他的报纸。

南洋公学散学后，李叔同与蔡元培二十多年没有来往。直到1926年，这对师生因为"驱僧"事件，再次接触，进行过一次思想上的交锋。

事情起因大致如此：北伐时期，国民革命军东路军光复杭州，浙江临时政府政治会议成立，暂行全省职权。当时浙江省代主席是蔡元培。蔡元培在杭州青年会发表演讲，国民政府成立，一切宗教均在摧陷廓清之列。蔡元培说，庙产本为集体所有，不应该被僧人独占，这违背佛教

本身的公益。独自占有，又有什么根据呢？佛法传入中国几千年，不过出了玄奘、道安、寒山、拾得、太虚几位有道高僧而已，盖那么多庙做什么？由此提出整顿僧众的主张：一是提倡佛化教育，以讲明佛法真义，使僧众务必提高佛法的入世精神；二是将少数寺庙改为工场，让僧人一边修佛一边当工人。

蔡元培的话是有分量的，立即得到新贵激进派响应。激进派驱逐僧侣，收回寺院，还勒令僧尼结婚。世人闻之震惊，持不同意见者居多，但慑于蔡的社会地位（既是高官又是名流），不敢出面质询。

弘一大师目睹中国佛教这一劫难，挺身而出，给激进派写了一封信，委托堵申甫（注：弘一大师折一师同事，教书法）代约到吴山常寂寺会谈。

那日弘一大师步履缓慢，神态威严。一到客堂，就将预先写好的佛号字幅，送给与会来宾，人手一份，不多不少。落座之后，弘一大师自顾数珠念佛，沉默不语。

弘一大师清楚他们的疑惑——大家都在"革命"，僧人凭什么不耕不织接受供养？他们只能耗费衣食罢了，对社会还有什么利益呢？

通过实际行动，弘一大师想告诉大家：世界上不耕而食的人太多了，难道只有僧人？假使这些人不出家，他们就不吃不穿了吗？就能保证他们的衣食一定出自他们自己耕织吗？何况在俗的人，一身之外，还有妻子、儿女、仆人，所花费的数倍于僧人。难道他们能像僧人那样一瓢一钵，四海为家吗？

那些头戴貂狐皮帽，身穿锦绣龙纹，口吃山珍海味的人，是不是不劳而获呢？这些人是僧人，还是俗人？那些俗家人，为了爱妾的打扮，不惜花费大量珍珠美玉。为了到歌舞游戏场寻欢作乐，动不动就使用玉带金冠，甚至沉迷于赌博，通宵达旦都不休息。或者结交一些狐朋狗友，大吃大喝。这种游手好闲之徒，车载斗量也计算不清。为什么不去减少这些社会人渣，反而说僧人不劳而获呢？难道这些丑恶卑鄙之人，就应该锦衣玉食吗？而那些明心见性之人，反而不允许他们粗茶淡饭吗？有这种想法的人，足见他们党同伐异，气量太小。

激进派众人不解，既邀座谈，竟不发一言，是何道理？众人低头凝视手中佛号字幅，静默反思，猛然意识到，灭佛驱僧有悖天理。此事很快平息。

3月17日，弘一大师以学生名义，给南洋公学"旧师"蔡元培写信，对其在青年会上演讲之论，提出见解。弘一大师说，现在出家的僧人确实存在良莠不齐的现象，但诸位对出家人存在偏见却是事实。为了配合官方整顿僧众的举措，建议浙江临时政治会议有必要多增设两个席位，邀请两名僧人担任委员，专门负责此事。弘一大师推荐英年有为、胆识

过人的弘伞、太虚二位大师。又根据浙江僧众现状，作出如下建议：对服务社会的僧人提倡（此为新派），对山林办道派僧人尽力保护（此为旧派，但不可废），对应付念经拜佛的僧人严加取缔，对出家人受戒严加限制。对于既不能服务社会，又不能办道山林的僧众，要想出妥帖的办法。

蔡元培见信之后，自然会综合考虑：李叔同与他的师生情谊，李叔同的社会影响力，以及社会舆论的压力，等等。最后的结果是，信发出后，灭佛之议戛然而止。

五、难忘的穆君与沈君

　　从圣约翰大学辞职后，李叔同在沪学会义务教学，历时一年。沪学会是中国最早的社会青少年补习学校。由马相伯（复旦大学创始人）、穆藕初、李叔同等人发起。1904 年 8 月创办于上海南市。下设补习科、义务小学、体育部、音乐会。宗旨为：广开风气，推展文明，习操尚武，启发民智。生源为社会青年与失学儿童，马相伯任会长，龚子英任经理。李叔同与穆藕初、沈心工等任教师。李叔同先在补习科工作，后来又到了小学，为贫困子弟授课。

　　在沪学会期间，李叔同为补习科编了一出文明戏，名为《文野婚姻》，表现的是两种思想的婚姻得到两种不同的结果：一种是父母的包办婚姻。一对懵懂的男女，遵照父母之命结婚生子，一辈子缺乏共同语言，一直到死。另一种是一对青年男女，自由恋爱，他们经历了斗争，献出

青春和生命。他们的一生虽然短暂，却很有价值。

第一种婚姻非常普遍，李叔同的婚姻就是由母亲包办，婚后夫妻性格不和。他鞭挞的是封建礼教，提倡的是伦理婚姻。第二种婚姻是他所向往的，但那只是理想中的爱情，有心无力，算不得数。《文野婚姻》于1905年春节后演出，反响热烈，李叔同深受鼓舞，一颗为戏剧献身的种子开始萌芽。

李叔同与两位同事关系密切。一个是穆藕初，另一个是沈心工。穆藕初（1876—1943），20世纪二三十年代中国著名的爱国实业家，被誉为"新兴商业派"的代表人物。其兄穆恕再（湘瑶）与李叔同是南洋公学同学，穆藕初常去学校看望兄长，故与李叔同相识。穆藕初毕生投身公益事业，曾创办多所小学，出资五万两白银资助十余名青年出国留学，长期资助黄炎培主持的中华职业学校。

与李叔同在沪学会这段难忘的经历，同事穆藕初在《五十自述》中有过记述：

> 有某君者，二十年前创办沪学会之老友也，性聪颖而耿介，书、画、琴、歌、地理、金石靡不精通；富有辩才，尤工国语；雅度高致，轶类超群，律己谨严，待人谦和。当抵制美货时，

慷慨激昂，于激发国民爱国天良，非常殷切。嗣后赴日求学，贤名籍甚，邻邦人士惊为稀有。……回国后任教职多年，余虽不常见，然私心甚钦崇之。

文中所说"抵制美货"事情如下：李叔同在沪学会工作期间，美国胁迫清政府订立的排斥华工的禁约期满，旅美华侨十余万人提出废约要求，美国政府予以拒绝并提出续订新约。次年，上海、广州、天津等城市纷纷抗议美国排华，并抵制美货，海外华侨和留学生也纷起响应，掀起反美爱国运动。后遭到美国政府和清政府破坏，但新约也未续订。

当时沪学会经理龚子英到苏州出差，一切事务交由李叔同代办。有人举报，不法商人董某家中私藏很多美国货，打算等运动过后再做买卖，从而牟取暴利。李叔同发言谴责之，慷慨激昂，煽动性大，得到民众积极响应。会后，李叔同组织 21 所小学负责人，发布传单，继续谴责，并且亲自率队抵达董某宅邸当面警告，迫使其放弃牟利的打算。

穆藕初与李叔同的情谊不止于同事之间，他们还是很好的朋友。1923 年春天，弘一大师在温州庆福寺两年闭关期满后，曾到各方游历，弘扬佛法，上海为第一站。弘一大师与穆藕初是在其棉纺厂见面的。穆藕初正因为工厂的人事纠纷愤然辞职，心情极为恶劣。当他听说老同事

李叔同抵沪，立刻放下手中事务前去拜访。时隔多年，穆藕初乍见弘一大师，竟然有些拘谨。聊了一会儿，才缓解了紧张情绪。穆藕初带着疑问，请教了弘一大师几个问题。

穆藕初说："我最近正在阅读东西方文化和哲学的书，见到有些书上对佛教颇有诋毁，断言说，假使佛教大兴，中国之乱还是照旧……我仅仅知道佛教是出世的，而我国衰败至此，非全力支持，恐国将不国，所以恕我直言，我不赞成出世的佛教。不知道弘公将何以教之？"

弘一大师说："居士之所见，属于自利的小乘佛教。出家人并非消极一派，其实积极到万分。这，试看菩萨四宏愿就可得知。何为四宏愿？就是众生无边誓愿度；烦恼无尽誓愿断；法门无量誓愿学；佛道无上誓愿成。一切新学菩萨，息息以此自励，念念利济众生。救时要道，此为急务。推行佛化，首在感移人心，以祈慈愿咸修，杀机永息，并不是希望人尽出家。出家须有因缘，而出家人亦讲孝悌忠信，亦主张尽力建设，造福苍生。至于某些谈论中西文化的人，以为佛教大兴，中国之乱更无已时云云，实际上论者并未真正知晓佛教之精义，只是在那里徒逞私议，浪造口业而已。口唱邪说，障人道心，罪过非轻，殊堪悯恻……凡现在地位甚高之人，夙生地位亦甚高。万勿被眼前的富贵地位所迷惑，以致堕落。"

　　多年以后穆藕初对这次深谈历历在目，他对佛教的看法有所转变，心中长出佛意。这种佛意随之在他之后的生活中有所体现，如他在抗战期间筹资救济灾民，又如资助弘一大师《护生画集》《四分律比丘戒相表记》等书出版。足以说明，穆藕初与弘一大师的缘分，由弘一大师出家前延伸到了出家后。

　　沪学会开设音乐课，李叔同邀请沈心工教乐歌课，传授西方近代音乐知识。沈心工（1870—1947），著名音乐家、学堂乐歌的最早创作者和推广者。沈心工出名较早，是李叔同音乐上的前辈，亦是其在南洋公学的老师。沈心工到沪学会任教之前，就已经出版《学校唱歌集》三辑，之后又陆续出版《民国歌唱集》四辑、《心工歌唱集》等著作。

　　沈心工在沪学会文化补习所授课时，李叔同也和学生们在台下一起听讲，这也是他首次接受系统的西洋音乐启蒙。李叔同的艺术天赋与生俱来，这毋庸置疑。在沈心工的言传身教下，李叔同很快掌握了西洋作曲法的要领，并且写出处女作《祖国歌》：

　　　　上下数千年，一脉延，文明莫与肩。纵横数万里，膏腴地，独享天然利。国是世界最古国，民是亚洲大国民。呜呼，大国民！呜呼，唯我大国民！

　　幸生珍世界，琳琅十倍增声价。我将骑狮越昆仑，驾鹤

飞渡太平洋。谁与我仗剑挥刀？呜呼，大国民，谁与我鼓吹

庆升平？

　　这首歌由李叔同填词，曲调则是早在民间流行的《老六板》（注：中国汉族民间器乐曲，为古老的民间丝竹乐曲调）。这首歌的出炉恰逢其时。当时的中国还处在甲午战败，八国联军侵占北京，订约赔款讲和，抵制日美货等一系列运动之中，一代中国人正在经受国耻。这首歌的出现，抒发了国人自强不息的民族精神，具有很强的励志意义。一经传播，很快享誉全国，李叔同也因此被誉为"人民的音乐家"。

　　多年后李叔同的学生丰子恺说，我在小学里唱到《祖国歌》的时候，正是"劝用国货"的时期。我唱到"上下数千年，一脉延，文明莫与肩。纵横数万里，膏腴地，独享天然利"的时候，和同学们举着旗子排队到街上去宣传"劝用国货"时的情景，慊然在目。我们排队游行时唱着歌，李叔同先生的《祖国歌》正是其中之一……

　　1904年沈心工出版《学校歌唱集》，曾志忞出版《教育歌唱集》，在中国学堂和日本华人学堂传唱，风靡一时。李叔同在检校歌集时，发现歌词多为今人的新式语言（白话），觉得别扭，于是决定重新编选一套，倡导国粹主义。他从《诗经》《楚辞》等古诗词中，精选篇章，分别配上西洋、日本曲调、昆曲译谱，缀集成册，书名定为《国学唱歌集》。李叔同在序言处表明了五项编书宗旨：

> 毛诗三百，古唱歌集。数典忘祖，可为于邑。"扬葩"第一。
>
> 风雅不作，齐竽竞嘈。高矩遗我，厥唯楚骚。"翼骚"第二。
>
> 五言七言，滥觞汉魏。瑰伟卓绝，正声罔愧。"修诗"第三。
>
> 词托比兴，权舆古诗。楚雨含情，大道在兹。"摛词"第四。
>
> 余生也晚，古乐靡闻。夫唯大雅，卓彼西昆。"登昆"第五。

这套书作为沪学会乐歌教材。内收 21 首，均为李叔同选曲配词、填词。1905 年 5 月，《国学歌唱集》由上海新书局出版，翌年再版。李叔同意识到，之前自己所坚持的以古典诗词做歌词的行为，并未达到预期效果，还对现代音乐的推广起到桎梏作用，所以请求书局

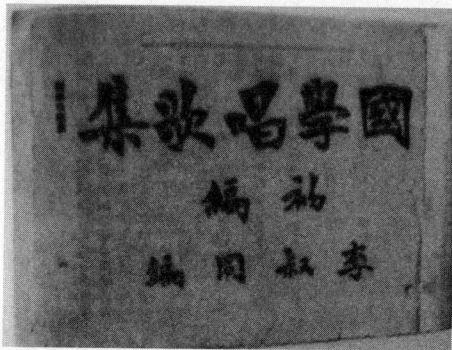

李叔同编选的《国学歌唱集》初编书影

毁版，停止发售。

李叔同借此名震乐坛，但他并没有沾沾自喜，而是时刻牢记沈心工对他的指导。李叔同于 1905 年赴日留学，创办中国第一份音乐刊物《音乐小杂志》，在杂志上专门刊登沈心工肖像，并告诉世人，沈氏为我国乐界开幕第一人，久为海内所钦仰，我现将他的肖像刊登于本杂志，如有收藏此肖像者可留地址。出刊后赠水彩画一张，第二期杂志一本……

六、渐行渐远的风尘

弘一大师在《最后之忏悔》中，对自己的过去进行了深刻反省。他说，"人生在世，自幼年至中年，自中年至老年，虽然经过几十年之光景，实与一会儿差不多。就我自己而论，我的年纪将到六十了，回想从小孩子的时候起到现在，种种经过如在目前。啊！我想我以往经过的情形，只有一句话可以对诸位说，就是不堪回首而已。"

李苹香（右）

这种"不堪回首"就包括年轻时与歌妓交往的经历，这一次的主
角是李苹香。

李苹香真名叫黄碧漪，入乐籍后曾先后化名李金莲、李苹香、谢
文漪等。李苹香诗文俱佳，居室名叫"天韵阁"，她的好几部诗文集就
是以居室名命名出版的，如《天韵阁诗选》《天韵阁尺牍选》，等等。

1897 年，李苹香 18 岁。上海的洋商举行赛马会，李苹香与母亲以
及异母兄弟三人，一道出了门，到上海去观看。结果，母子三人几天游
玩后居然没有了路费回家。隔壁住着一位姓潘的房客，发现李苹香一家
三口困于旅馆，就热情地以老乡的名义，主动资助。实际上，潘某看上
了青春貌美的李苹香。他让李苹香母女在上海继续玩几天，一切费用由
他支付。

吃人的嘴短，潘某提出娶李苹香为妻。李苹香不从，但架不住母
亲的苦求，只好委屈地跟潘某住到了一起。潘某实则是个无赖，他的家
中早有妻子儿女。潘某带着李苹香来到苏州。在生计困顿之下，他逼李
苹香做妓女。李苹香无力反抗，只好任潘某摆布。不久，潘某带着李苹
香来到灯红酒绿的大上海。由于李苹香才艺出众，很快成为一名高等妓
女。她本来就擅写诗词，出口成句，被文人们授以"诗妓"之誉，成为
上海名花。

1901 年初夏，李叔同由天津探亲返沪，结识了名震上海的乐妓李苹香。李叔同写诗三首赠与李苹香，题为《天韵阁席上得句赠苹香》（署名惜霜仙史）：

一

沧海狂澜聒地流，新声怕听四弦秋。

如何十里章台路，只有花枝不解愁。

在沧海巨浪席卷大地的形势下，我害怕听琵琶弹唱曲子。为什么十里歌巷众多歌女，只有花枝招展，却无人理解我心中哀愁。此诗说的是，李叔同从南洋公学退学时期的苦闷。

【注：章台路，汉代长安街名，以歌妓聚集著名。本诗泛指歌女众多的娱乐场所聚集地。】

二

最高楼上月初斜，惨绿愁红掩映遮。

我欲当筵拼一哭，哪堪重听《后庭花》。

月已开始西斜，最高楼上灯红酒绿，却觉得那样惨淡，令人哀愁。

我只想面对筵席痛哭一场，怎忍重听亡国之音《后庭花》。晚清政府内忧外患，面临亡国危险，李叔同自然心情沉重。

三

残山剩水说南朝，黄浦东风夜卷潮。

《河满》一声惊掩面，可怜肠断玉人箫。

残破不整的江山如同历史上的南朝，黄浦江夜里东风卷起浪潮。唱起《河海》掩面而悲，可怜歌女吹箫歌唱心痛断肠。李叔同与李苹香谈论的不是风月，而是时局，这说明二人的感情世界并非世人想的那样。相比那些与妓女调笑之作，这组诗不俗气。

除此之外，李叔同还写过《和补园赠天韵阁主人元韵》（署名惜霜）、《口占李苹香》（署名三郎）赠与李苹香。以上诗词均刊于铄镂十一郎（章士钊）所著《李苹香传》一书中。而李苹香也曾写诗酬答，《录旧作箑（音读 xià）书请正惜霜先生》：

一

潮落江村客槕稀，红桃吹满钓鱼矶。

不知青帝心何忍，任尔飘零到处飞！

二

春归花落渺难寻，万树阴浓对月吟。

堪叹浮生如一梦，典衣沽酒卧深林！

三

凌波微步绿杨堤，浅碧沙明路欲迷。

吟遍美人芳草句，归来采取伴香闺。

这三首诗以风尘女子口吻，表达了对李叔同这位新贵公子的欣赏和眷恋。二人的关系也仅限于此。李叔同的此类生活，激扬着那一时期富家子弟的轻狂和放浪，同时也说明，他的内心有着不被人觉察的空虚。

1904 年章士钊大作《李苹香传》出版，李叔同作序。为乐妓作传，是文人独有的癖好。作为身份卑微的妓女，在操守气节上，要是有可圈可点之处，往往会激起文人们强烈的怜香惜玉之心，乃至为她们树碑立传。

章士钊比较保守，没用真名，而是用铄镂十一郎作为笔名，李叔同用的名字为惜霜。也许是担心遭人非议，也许还有别的原因吧。李叔同在序言中认为，乐妓不但是近代文明发达的表现，且是其动因之一，

从而为自己纵情声色作了辩解：

向读龚璱人《京师乐籍说》，渊渊然忧，涓涓然思，曰："乐
籍祸人家国，其剧烈有如是欤？"既而披欧籍，籀新理，乃
知龚子之说，颇涉影响。曷言之？乐籍之进步，与文明之发达，
关系綦切。故考其文明之程度，观于乐籍可知也。时乎文化
惨淡，民智齿齦。虽有乐籍，其势力弱，其进步迟。卑卑之伦，
固鲜足齿。若文明发达之国，乐籍棋布，殆遍都邑。杂裙垂髾，
目宠心与。游其间者，精神豁爽，体力活泼，开思想之灵窍，
辟脑丝之智府。说者疑吾言乎？易观欧洲之法兰西京师巴黎，
乐籍之盛为全球冠。宜其民族沉溺于兹，无复高旷之思想矣。
乃何以欧洲犹有"欲铸活脑力，当作巴黎游"之谚？兹说兹理，
较然甚明，奚俟刺刺为耶！唯我支那，文化未进，乐籍之名，
魁儒勿道。上海一阜，号称繁华，以视法之小邑，犹莫逮其
万一，遑论巴黎！岂野蛮之现象固如是，抑亦提倡之者无其
人欤！

友人铄镂十一郎，新撰一小册子，曰《李苹香》，邮函
索叙于余。余固未见其书，无自述其内容。第稔李苹香，为

上海乐籍之卓著者。君撰是册，亦非碌碌因人者。不揣梼昧，撷拾西哲最新之学说，为读是书者告。夫唯大雅，倘亦题兹说欤！

序言表达了李叔同对乐妓的观点：乐妓昌荣，是衡量国家发达与否、社会文明与否的一个标准。这其实是凭借个人意气，为李苹香辩解。按照当时富家公子的生活方式，与乐妓交往实属正常，不但可以谈论文学时政，更能激发创作灵感。

文人与妓女的关系，自古就暧昧。宋朝的徽宗皇帝，喜欢微服出宫，夜访名妓李师师。当时对妓女的看法相对宽泛，其中读书写作擅长歌舞的，多为文人学者所罗致。妓女唱的也是谈情说爱的歌曲，或轻松，或世故，或系痴情苦恋，或为假意虚情，但暗示云雨之情，或言明鱼水之欢。文人为妓女写诗是寻常事，所谓的正人君子欧阳修、范仲淹、司马光也曾写过此类情诗。

青年李叔同的观点是当时文人的普遍心态，只不过他心直口快说出而已。当然，对这一言论，晚年的弘一大师也是深感忏悔的，否则他也不会说出本节开头那些话。

七、葬礼为母亲歌唱

弘一大师对丰子恺说，他的母亲很多，他的生母很苦。20多岁时，李叔同奉母携妻南迁上海，住在城南草堂，读书侍母。几年后，母亲去世。居住在上海的几年，是李叔同最幸福的时光，此后便是不断的悲哀与忧愁，一直到出家。丧母后的李叔同像游丝飞絮，飘荡无根，不久去了日本留学。

母亲王氏离世的那天，李叔同正在外面购买棺木，到家之后，母亲撒手人寰，母子未见最后一面。李叔同悲痛欲绝，后悔不已，引为人生憾事。这也构成他出家的一个宿因。

母亲病重时曾嘱咐李叔同，去世后不必效仿先夫李筱楼之例，将灵柩停放家中七天，再请高僧带领众僧上门逐日做佛事。她的丧事从简而办，将剩下的钱资助给沪学会义务小学，作办学经费。李叔同照办。沪学会得款后，登报并创作乐歌《上海义务小学学生追悼李节母哀》以致谢。

1905 年 7 月，李叔同把沪学会教务交付许幻园接手，乘船运送母亲灵柩回津。一别数年，再次踏上津门的土地，李叔同悲喜交集。此时李家家业由二哥李文熙继承，管理着钱铺和盐号。李叔同在人群之中，看到了一个熟悉的身影，"五哥"徐耀庭正在向他招手。一切那么熟悉而温馨，但接下来的事，让李叔同始料未及，他与二哥产生了激烈的矛盾。

李家有"外丧不进家门"的惯例，凡在外亡故者，灵柩不能进入李家。面对二哥的阻拦，李叔同据理力争，说了两个原则：一是遵奉母命，落叶

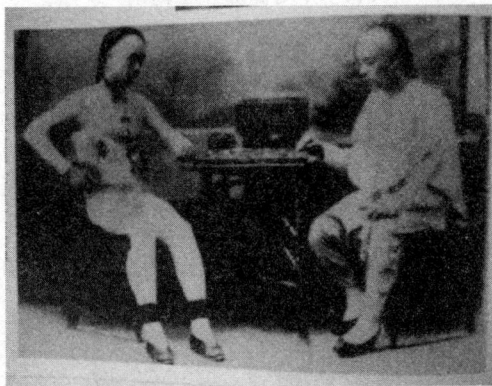

李叔同（左）与二哥李文熙在家中下棋

归根；二是母亲系李家之人，故后回家天经地义。双方争执不下。后经德高望重的账房先生徐耀庭从中调和，李文熙同意灵柩入宅，兄弟关系得以缓和。

7 月 29 日，天津发生了一件闻所未闻的奇事。李筱楼的三公子李

叔同，为亡母主持了一场文明丧礼。来宾有严范孙、赵元礼等四百余人。
李叔同参照西方追悼会先例，要求来宾不赠钱物，改送花圈挽联。亡人
之子不再跪地读祭文，改为献花致悼词。出殡时来宾鞠躬即可。送葬家
人不穿孝衣孝帽，改穿黑衣黑裤。不请僧人念经，改为合唱哀歌。李叔
同端坐于钢琴前，一边弹奏一边唱起《追悼李节母之哀辞》：

> 松柏兮翠姿，凉风生德闱。
>
> 母胡弃儿辈，长逝竟不归！
>
> 儿寒复谁恤，儿饥复谁思？
>
> 哀哀复哀哀，魂兮归乎来！

这次丧礼，引发了社会广泛关注。天津《大公报》于7月底8月初，
连续三次作过报道。第一次7月23日，题为《文明葬礼》：

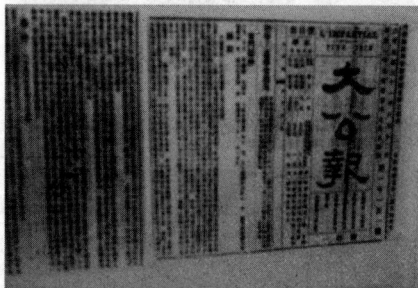

1905年7月23日起，《大公报》
对李叔同改革丧礼进行报道

河东李叔同君广
平，新世界之杰士也。
其母王太夫人月前病故，
李君特定于本月廿九日

开追悼会，尽除一切繁文缛节，别定新仪。本馆已得其仪式

及哀歌，因限于篇幅，俟再登录。

第二次 7 月 24 日，题为《天津追悼会之仪式及哀歌》，刊出李叔

同拟定的《哀启》全文：

启者，我国丧仪繁文缛节，俚俗已甚。李叔同君广平愿

力祛其旧。爰与同人商酌，据东西各国追悼会之例，略为变通，

定新仪如下：

（一）凡我同人，倘愿致敬，或撰文诗，或书联句，或

送花圈花牌，请毋馈以呢缎轴幛、纸箱扎彩、银钱洋圆等物；

（二）诸君光临，概免吊唁旧仪，倘愿致敬，请于开会

时行鞠躬礼；追悼会仪式：（甲）开会。（乙）家人致哀辞。

（丙）家人献花。（丁）家人行鞠躬礼。（戊）来宾行鞠躬礼。

（庚）散会。同人谨启。

第三次 8 月 2 日，题为《记追悼会》：

到会四百余人，有学校校长教员，有文学艺术界名流，有医务人员，也有外籍人士。收到挽联哀词二百余幅，都是中外名流所撰，将汇集付印，以作纪念。最为奇特的是：李叔同以亲读悼词的方式代替孝子跪读祭文；全家不穿白色孝服，改穿灰黑色衣服送葬；李叔同在灵堂前弹奏钢琴，请一班儿童合唱《追悼李节母之哀辞》和《上海义务小学学生追悼李节母哀歌》，代替家人亲戚号啕长泣。

慈母亡故，与妻子的关系亦不融洽，加之经历乡试之痛，以及南洋公学退学风潮。以上种种让李叔同感到，人生这架前进的机器，似乎发生了故障，瞬间停滞了。这让他不得不重新审视六年的沪上生活，得出的结论是两个字：哀伤。虽有城南草堂的美好时光，但还是哀伤大于欢愉。李叔同改名李哀，决定换个环境谋求发展，这次他选择到日本留学。临行之前，他在一首词中流露出内心的真实想法，《金缕曲·将之日本留别祖国并呈同学诸子》：

披发佯狂走。莽中原，暮鸦啼彻，几枝衰柳。破碎河山谁收拾，零落西风依旧，便惹得、离人妪妪，世界有瘦。行矣临流重太息，说相思、刻骨双红豆。愁黯黯，浓于酒。

漾情不断淞波溜。恨年来絮飘萍泊，遮难回首。二十文
章惊海内，毕竟空谈何有？

听匣底苍龙狂吼。长夜凄风眠不得，度群生那惜心肝剖？
是祖国，忍孤负！

走吧，我站在江边长叹，和诸位友人诉说相思之情。满怀的激情
像松江的流水不断。恨几年来漂泊不定，难以回顾。二十多岁文章名震
全国，但是空谈文章有什么用处？听，鞘中的宝剑在鸣叫，期待奋发。
漫漫长夜凄凄冷风，不能入眠，拯救大众哪怕呕心沥血、流血牺牲？我
的祖国，怎能忍心辜负！李叔同要说的是，变中求存，存则能变，变才
能有新出路。这一次他又付诸行动，他是一个彻头彻尾的行动主义者。

第四章

游子

1905 年秋，李叔同抵达日本东京。1906 年9 月，考入位于东京上野的东京美术学校（以下简称"东京美校"），学习西洋美术，同时在东京音乐学校修习钢琴和作曲。他还在日本著名戏剧家川上音二郎、藤泽浅二郎的指导和帮助下，与同学曾孝谷等人组织了一个话剧团体"春柳社"。

在东京美校求学期间，李叔同有过两次"书呆子"行为：第一次是关于欧阳予倩。李叔同推开楼窗，让迟到五分钟的欧阳予倩原路返回，改日再约。第二次是关于日籍岳母。一日下雨，岳母要带把伞走，李叔同不同意，并说，你嫁闺女时，也没说要伞啊。后岳母得知，伞是李叔同生母遗物，谅解之。

一、音乐慰藉心灵

在津守丧期间，李叔同的人生陷入迷局，不知道出路在何处。老师赵元礼带来一个消息，让李叔同看到一丝曙光。赵元礼当时担任直隶工艺学堂庶务长，执行监督。受天津学务处委托，带领学生到日本实习考察。赋闲在家的李叔同觉得这是一次机会，就辞掉沪学会的工作，作为老师访问团随行人员，一起去了日本。

明治维新后的日本迎来盛世，交通、贸易、文化、科技等方面得到快速发展。特别是 1904 年日俄战争，日本从清政府获得巨额赔款，掠夺大量资源，国力得到增强。这个亚洲的小国，仿佛吃了神药的大力士，焕发出蓬勃的朝气和霸道的神采。

到日本后，李叔同在神田区今川小路二丁目三番地集贤馆住下，着手补习日语会话及写生等课程，转年报考上野东京美术学校（以下简称"东京美校")。当时在东京的清国（注：清朝时期，日本称中国为清国）留学生有八千多人。设于骏河台的中国留学生会馆，是留学生联络中心，每逢周末，各个学校的留学生大多到此聚会。李叔同结识的第一位中国留学生是高剑公，高准备创办一份名为《醒狮》的刊物。

得知李叔同有美术功底，高剑公邀他为刊物设计封面，李叔同欣然应允。花了几天时间，李叔同设计出一个别致的封面：一头睡醒的雄狮匍匐起身，旁边配两个小天使，暗示睡狮被其叫醒，焕发朝气。创意奇妙，图案通俗简单，读者一目了然。封面当即被高剑公采用。《醒狮》在留学生中传阅，广受好评，李叔同设计的封面功不可没。在《醒狮》1905 年 12 月第三期，李叔同发表过四篇谈艺文章：《美术杂俎》《图画修得法》《水彩画法略》《石膏模型用法》，署名为惜霜。

1905 年 10 月，李叔同与几位朋友筹备《美术杂志》（注：此处的"美术"，并非单指图画，是空间美术—图画与时间美术—音乐的合称。因此，李叔同筹备的《美术杂志》可以兼顾音乐）。不久，日本文部省颁布《取缔清国留学生条例》，引发中国留学生抗议，有的学生罢课回国。《美术杂志》因同人离散，未出刊"身"先死。

1906 年 2 月，李叔同创办《音乐小杂志》，上面刊登了他写的关于音乐的文章和歌曲，也有他搜集的关于音乐知识的资料。编辑、设计、

跑印务、出资、发行、广告均由他一人包揽。杂志办得颇具特色，栏目多，内容丰富，包括图画、插图、乐史、乐典、乐歌、杂纂，等等。

这本新生的杂志中，李叔同从日本石原小三郎的《西洋音乐史》精选资料，编写了《乐圣比独芬传》（比独芬即贝多芬），封面用炭笔绘制了"乐圣比独芬像"。李叔同是第一位向国人介绍贝多芬的中国人，也是尊称贝多芬为"乐圣"的第一人。李叔同在文章中如此评价心中的偶像："天性诚笃，思想深邃，每有著作，辄审订数四，兢兢以遗误。是懔旧着之书，时加厘纂，脱有错误，必力诋之。其不掩己短，有如此。"

李叔同还在《昨非录》中，对音乐简谱和五线谱提出了自己的看法。他认为："十年前日本之唱歌集，或有用 1234 之简谱者。今则自幼稚园唱歌起，皆用五线音谱。吾国近出之歌唱集与各学校音乐教授，大半用简谱，似未合宜。"

《音乐小杂志》第一期"杂纂"专栏，刊登了《呜呼！词章》一文。在这篇文章中，李叔同秉承了在沪编辑《国学唱歌集》时所坚持的国粹主义，提倡国人应精读古典文学书籍，免得被外国人笑话。《呜呼！词章》全文如下：

予到东后，稍涉猎日本唱歌，其词意袭用我古诗者，约十之九五（日本作歌大家，大半善汉语）。我国近世以来，士习帖括、词章之学，金蔑视之。挽近西学除入，风靡一时，词章之名辞几有消灭之势……迨见日本唱歌，反啧啧称其理想之奇妙，凡我古诗之唾余，皆认为岛夷所固有，既出冷于大雅，亦贻笑于外人矣（日本学者皆通《史记》、《汉书》，昔有日本人举"史""汉"事迹置诸吾国留学生，而留学生茫然不解其所谓，且不知《史记》、《汉书》为何物，致使日本人传为笑柄）。

日本学者大多熟读《史记》《汉书》和唐诗宋词。一次日本人拿汉学举例试问，当时在座的中国留学生居然不知道《史记》《汉书》为何物，让日本人当作笑柄。李叔同对数典忘祖的不学之徒嗤之以鼻，并由此引发深深的担忧。在后期的考察中，李叔同发现日本文艺界盛行汉诗，日本音乐家大多懂汉诗，他们所作的乐歌，词意大多袭用中国古诗。

造成这样的原因是，日本自明治维新以来，朝野名士纷纷创办汉诗社团，传播汉诗，使日本民众了解汉诗。此举无疑对中国传统文化的发扬，起到推动作用，同时也让"遗忘"国学的中国留学生感到汗颜。

李叔同此文，意在提醒诸君，在崇尚西学（指经过日本过滤后的西方文化）的同时，不要忘本，要把传统国学融入到血液当中。

这期杂志刊登了李叔同选曲填词的三首乐歌《我的国》《春郊赛跑》《隋堤柳》，署名惜霜。《我的国》是李叔同根据在上海时写的歌词，选用一首日本乐曲编成，这是一首振奋人心的爱国歌曲。

《春郊赛跑》采用德国歌曲《木马》的曲谱，歌词写道："跑跑跑！看是谁先到。杨柳青青，桃花带笑。万物皆春，男儿年少。跑跑跑！锦标夺得了。"字里行间洋溢着春天的气息和健康快乐的情感。

《隋堤柳》："剩水残山故国秋。知否，知否，眼底离离麦秀。说甚无情，情丝挽到心头。杜鹃啼血哭神州，海棠有泪伤秋瘦。深愁浅愁难消受，谁家庭院笙歌又。"此作模仿了宋词的精髓，是首哀艳之作，其音苍凉，如闻山阳之笛。

这期杂志的封底为《征求沈叔逵氏肖像》。沈叔逵为李叔同在沪学会的师友沈心工，此举也说明在学堂乐歌的领域里，李叔同没有忘记这位杰出的音乐家应有的地位。

《音乐小杂志》在日本印成后，寄回国内发行。这本杂志只发行了一期，却是中国近现代音乐史上的第一本音乐杂志。李叔同并无遗憾，他在杂志的序言中写道："盖琢磨道德，促社会之健全；陶冶性情，感

精神之粹美，效用之力，宁有极欤！"他指出音乐的社会功能，小则可
以净化心灵，大则可以改良社会风气。

音乐与美术，对人类思想上的启迪，及意识形态的影响是相通的。
1911年7月，李叔同在上海城东女学校刊《女学生》第三期"杂俎"一栏，
撰文谈论自己对"美术"的理解。李叔同说，美，就是好，就是善。宇
宙万物，除丑恶污秽的东西外，无论天然、人工，都可以称为美术。日
月霞云，山川花木，就是天然的美术；房屋衣服、交通工具、日常器物，
就是人工的美术。自然中没有美术，则整个世界就是一片混沌；人世中
没有美术，则人类就要灭亡。上古时代的人类，住在野外洞穴，发展到
今日，文明日日进步，这是美术思想发挥了很大作用。所以凡是房屋衣
服、交通工具、日常器物，在今天，几乎被视为人生本来就有的，而不
知道这是古人美术的遗物。

古人创造美术的物品，遗留给我们后人。后人模仿创造，每个人
都竭尽心思智力，弥补前人的遗憾，日益进步，互相以美术竞争。美的
胜，恶的败，胜败此起彼伏，而文明因此得以进步。所以说，美术，是
文明的代表。观英、法、德等国，其政治、军备、学术、美术，都以同
一程度，进步到最高的位置。他们视美术是奢靡，是妖艳、是外观美，
都是狭隘片面的见解，不足以概括"美术"二字的含义。

总而言之，美术的含义，以最浅显的话解释：美，就是好；术，就是方法。美术，就是追求好的方法。人不要好，就没有什么顾忌；物不要好，就没有进步。美术的定义，就是这样！

这样的见解放在音乐上，也是恰如其分的。于李叔同而言，所有艺术门类的主旨，都是让人们远离假恶丑，掸去心灵上的灰尘，重获平淡自然的生活，感受思想上的清凉，由此看透、看开、看淡人生的苦愁。

二、诗歌中的理想主义

随鸥吟社于 1904 年创办于东京,是日本近代最负盛名的诗歌社团,
由大久保湘南与森槐南共同发起。诗社名取自李白《江上吟》"海客无
心随白鸥"一句。诗社宗旨是:重兴日本汉诗文学创作,通过定期吟咏、
编制诗刊《随鸥集》开展汉诗活动。社团每月例会一次,每年开年会一
次,每月出版一辑《随鸥集》,刊登约会纪要和社员诗作。

1906 年 7 月 1 日,李叔同以中国诗人名义,加盟随鸥吟社。并以
李哀之名出席神田八町堀偕乐园举行的"东京十大名士荐诗会",现场
得诗二首,题为《东京十大名士追思会即席赋诗》:

一

苍茫独立欲无言,落日昏昏虎豹蹲。

胜却穷途两行泪,且来瀛海吊诗魂。

二

故国荒凉剧可哀，千年旧学半尘埃。

沉沉风雨鸡鸣夜，可有男儿奋袂来。

这两首诗还是延续了前面的国粹主义思想，李叔同希望有人站出来，为复兴传统文化披肝沥胆。首先由他自己做起，但感到人单势孤。第一首诗中的他感到无望，独自站在苍茫大地上，想说却说不出。落日昏暗，天边乌云好像虎豹蹲踞。穷途末路无路可行，两眼流泪暂且到东京，以诗来抒发心中的哀愁。

第二首诗中的李叔同似乎看到了希望。故园荒凉，令人心痛，千年古老文化快要被毁掉了。在黑暗的风雨夜中听见鸡鸣，盼望有英雄豪杰挺身而起。李叔同的诗文中，经常会出现对"救世主"的期望。如在《管仲晏子合论》中，他呼吁风雨飘摇的晚清，能多出现几个管仲、晏子这样的能人拯救国家。

说到底，这只是李叔同的个人理想主义。无论哪个时代，都有这样的文人，将洞察时事、批判不公和政弊作为追求的最高理想。他们会鄙视那些只懂得风花雪月，不关心时政的文人，认为他们缺乏对社会的道德关注。文人可以承担社会责任，而文字最好单纯，杂质过多，很难质地精纯，并且容易丧失美感，变成形而上的口号。文人为什么是"理想主义者"？他们期望将驾驭文字的理想嫁接到现实当中，但这不是一回事。理想是太阳，文人是向日葵，太阳被乌云遮住，向日葵就不知道冲哪个方向生长了。

李叔同的这种忧国忧民且痛心疾首之举，是那个时代文人普遍的写照。有感而发的文字，是作者潜意识里的思想，有时是无法选择的。李叔同与他人的不同在于，他既是理想主义者，又是行动主义者。他并非夸夸其谈当纸上赵括，而是身体力行尽最大努力去做，并且一生遵守行胜于言的原则。

会后李叔同又写了一首《朝游不忍池》，抒发了异国游子的思乡之情。

凤泊鸾漂有所思，出门怅惘欲何之？

晓星三五明到眼，残月一痕纤似眉。

秋草黄枯菡萏国，紫薇红湿水仙祠。

小桥独立了无语，瞥见林梢升曙曦。

漂泊在外远离故国的人，心有所思，凌晨出门要到哪里去？夜空还有三五颗星星散发清幽的光，一钩残月像眉毛般纤细。荷花池里荷叶

已经枯黄，水仙祠旁紫薇正在盛开。独自站立小桥，默默无语，看见树林梢头露出了曙光。这首诗刊于当年十月号《随鸥集》，被主编大久保湘南评价为"如怨如慕，如泣如诉之作"。李叔同旅日时期的诗作，多哀伤绮丽，不像他的"老师"苏东坡，倒像是更早的李商隐。

1906年7月8日，随鸥吟社在上野公园三宜亭举行月度例会，森槐南主持并讲了李商隐的《送千牛李将军赴阙五十韵》。

会后，成员们诗歌接龙，大久保湘南开头"星河昨夜碧沄沄"，李叔同作第五句"仙家楼阁云气氲"，最后一句由森槐南"故乡款段思榆枌"结束。

这年9月至12月间，李叔同参加过由随鸥吟社成员玉池组织的一次聚会，地点在星舫酒家，有梦香、藏六陪同。席间玉池手书滨寺旧制以示，在座众人以诗唱和。李叔同即赋七绝一首，题为《昨夜》，诗云：

昨夜星辰人倚楼，中原咫尺山河浮。

沉沉万绿寂不语，梨花一枝红小秋。

【注：据秦启明《弘一大师新传》载，此诗作于1906年8月自东京归国旅次，初见东京随鸥吟社编刊《随鸥集》1906年第二十三辑。据此笔者推断，有两种可能，第一

种是李叔同并非"当场即赋",而是将之前作好的"旧作"当场吟诵。第二种是,作诗年份有误,应为1906年9月至12月间。笔者倾向于后者。】

李叔同当场挥笔作水彩画一幅,玉池为其作题画诗云:

> 古柳斜阳野寺楼,采菱人去一船浮。
>
> 将军画法终三变,水彩工夫绘晚秋。

1907年1月13日,随鸥吟社又在上野公园三宜亭举行月度例会,李叔同到会。这次森槐南讲李商隐的《赠别前蔚州契芯使君》《灞州》等诗。按照惯例,会后进行诗歌接龙,从在场成员中抽签,颁发书籍、文房用具和盆梅等奖品。李叔同作诗一句"春风吹梦送斜阳"。

4月6日,随鸥吟社在墨水枕桥附近八百松桥举行第三次年会,李叔同到会。会后诗人永阪石埭设宴,款待与会诗人,宴席摆设充满中国特色:正面壁龛(即日本客厅摆放装饰品之处)挂清人瞿子冶水墨老松图竖幅,花瓶插白牡丹二朵,壁龛左侧古墨漆矮几上排列:石(灵璧之重叠峰峦)、册《清胡松泉细楷》、文镇(古玉浮雕双喜文字),壁龛右侧,陈列赖山阳先生扇面、砚、墨、墨台(端溪紫石长方形,刻螭龙)、笔、笔架(白古玉钩)、印谱、天然木(刻御制诗)……人字屏、香、

席、茶等。（出自诗会干事蓄堂醉侠《茶会记》）

酒席宴间，以抽签方式向与会者颁发书画石印等纪念品。最后依照"柏梁体"（注：汉武帝元封三年，柏梁台建好，皇帝大宴群臣。席间让众人各作七言一句，每句押韵。后世仿此体联句，称为"柏梁体"）进行诗歌接龙，共得诗八十二句，李叔同所吟第十五句为"余发种种眉髟髟"（髟读 biāo）。

李叔同加入随鸥吟社大约一年时间，参加过六次活动。在《随鸥集》发表过诗作《东京十大名士追思会即席赋诗》《朝游不忍池》《昨夜》《春风》，等等。主编大久保湘南对李诗评价极高。李叔同作于东京的诗作还有《初梦》《帘衣》两首。日本《春柳社逸史稿》作者中村忠行对李叔同留学时期的诗作评价道："妖艳里呈现沉郁悲壮的面影"，这句评价，与李商隐"婉约细微中见峭拔"的诗风暗合。

三、人体模特福基

1906 年 9 月 29 日，李叔同如愿考入上野东京美术学校西洋画科，以自费留学生资格，师从黑田清辉、中村胜志郎学习西洋画。至此，李叔同逐渐淡出随鸥吟社的活动，将全部精力投入到美术、音乐和戏剧上。

李叔同将住所迁到下谷区上三崎北町三十一番地，入学的正名叫李岸，别署为李同、息霜，用此二名会友。

中国人到日本留学，不去

李叔同装扮日本军官留影

最热门的政治大学、法政大学学习工业、交通，反而选学冷门的艺术，李叔同的选择让很多人不理解，故引起了日本媒体的关注。李叔同的选择并非心血来潮，而是到东京后经过考察和深思熟虑后的决定。李叔同认为，绘画乃无声之语言，可在同一时间、同一场面表现不同人物形状，从而弥补语言无法表达之缺憾。有感于我国绘画起源虽早，可惜千百年来未能深入研究总结，形成完整系统的国画理论教育体系，导致理论杂乱无序，缺乏完善的、有效的教学方法。

1906 年 10 月初的一天，日本《国民新闻》记者慕名登门采访。只见李叔同身穿日本和服，三七分头，脚踏木屐，俨然一副日本人打扮。李叔同已经完全"日化"，住的是榻榻米的房子，吃的是沙西米生鱼片，喝的是清酒，讲的是日语。早晨起床，先沐浴，然后小盅饮茶。说话之声，低如昆虫。有客到访，弯腰到地，满脸谦恭的笑容。屋内比较狭窄，地上摆着乐器、书架、桌椅、茶几等，四壁悬挂黑田清辉、中村胜志郎等人的画作。

记者问："李先生乐器方面造诣如何？"

李叔同答："正在初学拉小提琴，手法还不娴熟。我爱好广泛，什么都想尝试一下，艺多不压身嘛。我最喜欢的还是油画，留学贵国，也是来学西洋油画和水彩画的。"

记者："请问您是哪天进的学校？"

李叔同："9 月 29 日。"

记者："老师用日语授课，您能听得懂吗？"

李叔同："在国内，我学过日语，到贵国后也进过日语补习学校。看日文书籍没问题，但听讲能力不行。我不听下午用日语讲的课，听上午用英语讲的课，英语我还不错。"

李叔同指着墙壁上的画，对记者说："黑田清辉、中村胜志郎都是贵国的大画家，能当他们的学生，我深感荣幸。"

之后，李叔同又拿出自己刚画好的苹果写生画给记者看。

记者说："画的真是潇洒。"

记者起身告辞："希望以后多联系，也请李先生多多支持我们。"

李叔同弯腰恭送："有时间一定到贵社拜访，《国民新闻》办得不错，我经常拜读。"

这次采访刊登于 10 月 4 日的东京《国民新闻》，题为《清国人志于洋画》，配以李叔同的肖像和画稿。

在东京美校学画期间，李叔同先在木炭画室画人面模型，这是绘画的基础。木炭画《少女像》就是这一时期按人面模型画成的。为了便于画好人体，李叔同专门雇了一位名叫福基的日本模特。经过一段时间

的接触，两人产生情愫，后结为夫妻。

那是个初春的傍晚，日本姑娘福基经人介绍，来到李叔同的住所。她素装淡抹、身材苗条、风姿卓绝，年龄不过二十岁，害羞地低着头。

福基轻声地说："请问先生，是这里招聘模特吗？"

待她抬起头来，李叔同觉得高度、曲线、脸型都符合标准，做模特再合适不过。想到这里，李叔同一阵窃喜。

李叔同答："是的，自我介绍一下，我是上野东京美校的学生，来自中国。我是学画的，需要一位模特，如果你愿意，咱们可以谈谈。"

李叔同带福基参观他的画室，福基看得目不暇接。

李叔同说："这是我的画室，每周六的下午三时到五时作画，你来做我的模特。报酬不是问题。不过，你要考虑清楚，我说的模特，是指人体模特，需要全身裸露的。"

福基沉默许久，轻轻地说："我愿意。"

李叔同说："太好了，从这周起，你按时来即可。咱们一言为定，你可不许后悔噢！"

第一次人体写生，福基斜倚在沙发上，肘下放着几册日本书，她柔和的目光凝视着一张西洋油画。油画上是一个女子半裸的画像，画中女子体态丰腴，长发披肩。李叔同抓住福基凝思的侧影，拿起画笔，在画布上涂抹……春日的阳光安静地倾泻到画室内，一对年轻人作画的场景构成另一幅精彩的油画。

李叔同在东京美校先后绘制了大量西洋油画和水彩画。西洋油画有《停琴》《朝》《静物》《昼》，等等。水彩画有《沼津写生》《山茶花》。木炭画有《乐圣比独芬像》《少女》。油画有《自画像》《花卉》《浴女》，等等。

李叔同研习绘画的同时，还苦学音乐，练习钢琴、小提琴演奏及音乐理论。多年后他回忆这段经历时说，平生于音乐用力最苦，音律和演奏需要长期刻苦修炼，才能有所进步，不像其他艺术形式凭着天赋就行。

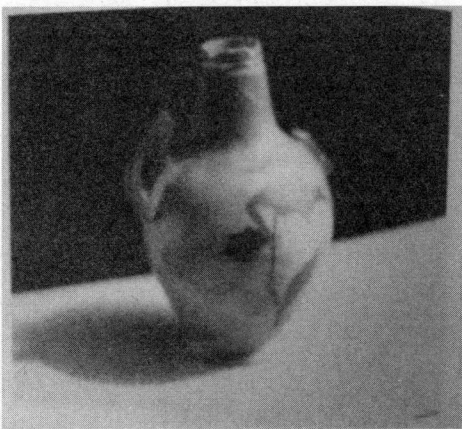

李叔同学业成绩优异，得瓷花瓶奖品一件

专注于艺术并且做事认真的天才，往往在人情世故上低能，被人误解为言行与常人大异的书呆子。李叔同亦如此。他时间观念很强，每件事都有一定的规则，严格遵守而不轻易改变。

　　春柳社成员欧阳予倩深有体会。他与李叔同约定，某日早上八点在其寓所商谈春柳社社务，结果晚到五分钟。李叔同推开楼窗说，你迟到五分钟，我现在没有时间和你谈了，对不起，我们改天再约吧。说完，便关上了窗户。

　　对朋友如此，对亲戚亦如此。与福基结婚后，岳母来看望女儿福基，外面下起雨来。岳母向李叔同借伞，李叔同不同意，并说，当初娶你女儿的时候，也没规定岳母来借雨伞一定要借的。后来岳母得知，家中那把雨伞为李叔同母亲遗物。李视作珍宝，出家后一直随身携带。不借情有可原。但李叔同的言语有些过激，这都是不谙世事的表现。

　　李叔同在浙一师执教时，卧室的外面安上个信插，他不在的时候，送来的信件就搁在信插里。他早起晚睡，时间井然有序，很少改变。一天晚上，李叔同已经睡了，忽然学校收发员来敲房门，说有电报，李叔同在里面说："把它搁在信插里。"到第二天早上，他才开房门取看电报。有人问他："打电报来总有紧急事情，为什么不当晚就拆看呢？"李叔同说："已经睡了，无论什么紧急的事情，总归要明天才能办了，何必急呢！"

四、春柳社的热血

春柳社的演出经历，是李叔同参与戏剧的黄金时期，也是他名扬东瀛的舞台。到日本留学之后，李叔同结识了曾孝谷和黄辅周（黄二南），三人脾气相投，兴趣爱好也相同。在一起除了交流诗词，就属京剧了。李叔同早年曾专门拜师学过京剧里的武生，还有过登台表演的经验，聊起来自然滔滔不

李叔同在上海票演京剧，饰褚彪

绝。他们还聊到当时日本的新剧，认为新剧形式很好，不用锣鼓家伙，不用加唱，全靠动作表演和对话，而且以布景助剧情。由此得出结论，这是中国戏剧未来的发展方向。

经过几次讨论，三人决定组建一个社团，综合研究诗词、音乐、美术、演剧四个品类，名为"春柳社文艺研究会"，简称"春柳社"。就这样，一个由李叔同、曾孝谷发起，以黄辅周、唐肯、孙宗文、陆镜若、庄云石、李涛痕等为主要成员的戏剧社团，于1906年年底在东京正式成立，并发布"春柳社"简章：通过研究学理，练习技能，倡导新派演艺。兼事改良戏曲，为转移风俗之一助。

宣布演艺部的职责为，每年春秋举办演艺大会两次，每年春秋刊行杂志两期，于东京下谷区泡之端七轩町二十八番地钟声馆设立事务所，由李叔同任编辑兼理日常事务。

春柳社诞生的原因大体有两个：一是受到日本新派剧的影响；二是受到中国国内政治和文艺方面的影响。新派剧是日本戏剧从歌舞伎到新剧（话剧）的一种过渡形式。它是在日本明治维新以后的自由民权运动中产生的一种改良戏。倡导者把演剧作为宣传手段，直接宣传民主政治。这些对春柳社的诞生与演剧活动产生了直接影响。

春柳社的第一次公演是在1907年春节期间，演出剧目为小仲马名剧《茶花女》第三幕第四、五两场和第五幕第八场。这次演出是中国留学生为赈济国内徐淮地区水灾，联合东京留学生会馆共同举办的。在日本戏剧家藤泽浅二郎的帮助下，春柳社参演筹款。

唐肯饰亚芒，曾孝谷饰亚芒父，孙宗文饰佩唐，李叔同男扮女装饰女主角玛格丽特。他剃去胡须，戴上长而卷的披肩发，穿着飘逸的白纱长裙，一副典雅美丽、楚楚动人的形态，言语、动作、身段、服装都很到位，表演非常成功。

演出结束后，现场响起雷鸣般的掌声。日本戏剧家松居松翁在观后感中指出，李叔同的优美婉丽，绝非日本俳优所能比拟。李叔同在中国放了一把新剧的火，这是中国近代第一次话剧演出，他们是中国第一批话剧演员。

《茶花女》的演出成功，扩大了春柳社的影响，入社的人多了起来。除了中国留学生外，还有日本学生和印度学生也相继加入。欧阳予倩在《自我演戏以来》中回忆道，他当时看了

李叔同（左）与曾孝谷在
"春柳社"演戏时合影

《茶花女》的演出,受了莫大的刺激,很快找到那班演戏的人,要求加入他们的团体。

《茶花女》的演出成功,鼓舞了李叔同、曾孝谷等人的士气,他们决定继续尝试,改编斯托夫人的小说《黑奴吁天录》(又名《汤姆叔叔的小屋》)。1907 年 5 月 31 日至 6 月 2 日,李叔同、曾孝谷又领导春柳社在东京本乡座游艺厅演出《黑奴吁天录》。该书由林纾翻译,原作者为美国作家斯托夫人。

小说讲述的是一部黑人的血泪史。善良的汤姆信奉上帝,希望上帝能赐予他自由。他虽然识字不多,但还是经常尽自己所能去读《圣经》。但就是这样一个信奉上帝、十分善良的人却最终死在了残暴的奴隶主手下。

奴隶们纷纷逃跑,汤姆却没有逃跑。他从小就忠顺于主人,甘愿听从主人摆布。在这期间他被转卖到新奥尔良,成了奴隶主海利的奴隶。在一次溺水事故中,汤姆救了一个奴隶主女儿的命,孩子的父亲从海利手中将汤姆买过来,为主人家赶马车。不久主人在一次意外事故中被人杀死。于是汤姆又被拍卖掉了。

从此,汤姆落到了凶残的奴隶主莱格利手中。莱格利经常任意鞭打奴隶们。汤姆忍受着痛苦的折磨,最后为了帮助两个女奴逃跑,他被打得皮开肉绽。但是汤姆最后什么都没有说。在他奄奄一息的时候，他过去的主人来买汤姆，因为汤姆是他儿时的玩伴，但是汤姆最终遍体鳞伤地离开了人世。

曾孝谷对小说进行了重新加工删改的改编工作。再创作后的剧本，也是中国的第一部话剧剧本。话剧共计五幕：一、解尔培的宅邸，二、工厂纪念会，三、生离与死别，四、汤姆门前的月色，五、雪崖的抗争。曾孝谷饰汤姆，李涛痕饰海雷，黄辅周饰解尔培，李叔同再次男扮女装，饰解尔培夫人。

五幕剧的剧情为：解尔培被主人转借他人，他替人发明了机器后，受到原主人的嫉恨，因而被召回深受虐待。他的妻子和孩子是另一家农奴主的奴隶，由于主人要以奴隶抵债，他们面临母子分离的悲惨命运。后来，他们都逃跑出来，杀出重围，得以团聚。

排练期间，李叔同等人还邀请日本著名戏剧家坪内逍遥到场指导，力求达到精益求精。演出这天，观众排起长队，每人手里拿着一张精美的宣传单，上面印有剧情介绍、演员名单和演出宗旨等信息。

演出之前，春柳社成员谢杭白致开幕词，说明春柳社艺术宗旨和本次演出的意义。大幕拉开，一片庄园景色映入眼帘，栩栩如生像真的一般，此为李叔同设计的舞台布景。观众被吸引了，现场鸦雀无声。演

到第三幕黑奴卖儿，夫妻相拥大哭时，观众在离别气氛的感染下纷纷落泪。第五幕黑奴出逃，与追兵搏斗时，观众起身鼓掌以示支持。

李叔同饰演的解尔培夫人，体态窈窕、台步优美、性格鲜明、酷似西妇。其细腻真实的表演，好评如潮。李叔同还客串跛客一角，在月下唱着醉歌，戏份不多，但引人注目。日本评论家肥春曙在《戏剧记》中说，春柳社这次演出，已远远超过日本新派剧名流的表演。

此后春柳社还演出过两次，一次是 1908 年 4 月 14 日，演出剧目为《相生怜》；另一次为 1908 年 4 月 23 日，演出剧目为《新蝴蝶》。李叔同均参加演出，扮演的还是女角。之后李叔同逐渐淡出春柳社。"观众们对他说了些不满意的话，加上社中又有些人与他意见不合，他演戏的兴致便渐渐地淡下去，懒得登台了。"欧阳予倩在《自我演戏以来》中回忆道。

《黑奴吁天录》演出后的巨大反响，引起了清朝驻日使馆的注意。驻日领事觉察出剧中流露的呼唤民主自由的呼声，故下令"以后凡参加此类活动演出者，一律取消留学费用"。春柳社成员大部分为清朝官派留学生，不愿意因此放弃学业，只好唯命是从。春柳社在东京的活动就此终止。后来欧阳予倩、陆镜若等人，又创办了"申酉会"，李叔同没有加入。

春柳社成员从日本新派剧吸取了如下养分：

第一，留日学生为考取日本高等学校而学习日语，但在教室里学日本话太枯燥，就常常去剧场，边看日本戏（新派剧）边学日语，渐渐地对日本的新派剧产生了兴趣。

第二，春柳社成员得到过日本新派剧名演员的指导和帮助。李叔同、曾孝谷、陆镜若、欧阳予倩等人与日本戏剧界及新派剧演员藤泽浅二郎等人都有过密切的交往。

第三，演出的剧目受到日本新派剧的影响。日本新派剧采用欧洲话剧的形式（主要是浪漫派的）作政治宣传，反映社会问题。春柳社演出的剧目有不少是模仿新派剧的，带有浓厚的浪漫色彩。他们演出的《黑奴吁天录》《热泪》《猛回头》和《社会钟》等剧都取材于新派剧作家的作品。

第四，表演上深受日本新派剧的影响。春柳社的一些演员在表演上大多是学习或模仿新派剧演员的风格。如陆镜若学习伊井蓉峰，马绛士则学喜多村绿郎，欧阳予倩学河合武雄，等等。

第五，创作思想（即演剧的目的）受到日本新派剧的影响。新派剧成员是把演剧作为反抗社会的一种方式，以达到改造社会的政治目的。春柳社的成员也始终认为戏剧是社会教育的工具，想借此作爱国宣传。

春柳社如彗星般划过天际，留下美丽的光痕，却异常夺目。有了春柳社，才有了中国话剧的萌芽。受春柳社影响，1908年后的几年间，以上海为中心，雨后春笋般出现众多话剧演出团体。有革命党人王熙普（艺名钟声）领导的春阳社，首演剧目就是《黑奴吁天录》。原春柳社成员陆镜若、吴我尊、马绛士、欧阳予倩等人回国后，成立新同志会，他们在开幕宣言中称，以继承春柳社开创的事业为己任。

此后的四年，李叔同基本上在画室中度过，相伴他的还有福基。1909年李叔同的美术作品《停琴》在日本白马会第12次展览中展出，广受好评。1910年第13次白马会年会，展出李叔同的油画《朝》《静物》《昼》，其中《朝》被收录在《庚戌白马会画集》中。

从1905年至1911年，李叔同在日本度过六年光阴。这六年，是他艺术养成的时期，绘画、音乐、戏剧的技艺得到全面提升。这六年，也是他事业开始走向辉煌的时期，一位全才型的艺术大

李叔同在日本东京美术学校毕业时自画像

师诞生了。离开日本这一年，李叔同进入而立之年，成家立业。然而迎接他的，是即将到来的辛亥革命。这位出生于晚清的艺术家，随着时代的洪流，双腿迈进了民国，开始了他意气风发的编辑生涯。

第五章

编辑

　　经过几个月的精心筹划，李叔同以《<太平洋报>破天荒最新式之广告》的通栏大标题，在《太平洋报》1921年4月1日创刊号，第一版的下方全文连续三天刊出，以此向社会各界宣布，此举为上海四十年来所未见，中国开辟以来四千余年所未见。广告语极具煽动性，这也符合青年李叔同与时俱进、大胆创新的精神气质。广告登出，立即轰动上海报界，也轰动全国各地的企业，纷纷前来洽谈广告业务。创刊当天，接到广告订单上百件，第一炮打响了。

一、第一次失业

　　1911年3月29日，李叔同以李岸之名，凭借总分第一的成绩（76分），
毕业于上野东京美术学校，结束了为时六年的学业。4月，偕妻子福基
自东京乘船先到上海，于海伦路泰安里租赁寓所，安置福基住下，李叔
同独自回天津与亲人团聚。

　　重返家乡，李叔同做的第一件事，就是把曾住过的"意园"与洋
书房精心布置一番。园内添置了竹盆、石榴树、水石盆景等。书房内添
置了钢琴、中式家具，四周墙壁悬挂旅日所绘油画。还将福基做模特的
裸体油画挂了出来，一时被亲友称为奇事。

　　这次回津，除了见到赵元礼、严范孙这些津门师友外，李叔同还
在"意园"接待过"天涯五友"之一的袁希濂。袁希濂也曾到日本留学，
回国后在天津司法部门任职。两人回忆起"天涯五友"的聚合离散，不

禁唏嘘感慨。许幻园仕途不顺，混得很惨，还需父母接济度日。蔡小香忙于悬壶济世，少有联系。张小楼去了扬州，联系甚少。回顾五人近十年的交往，两人数次哽咽。

不久，在天津初等工业学堂任校长的朋友周啸麟登门拜访，李叔同称周为"二哥"。交谈之中，周啸麟得知李叔同有意倡导工艺美术，并且提出独到见解：自汉唐以来，流派显著，图画原理于是清晰。只是秩序杂乱，教授缺少好方法，浅学之人，没有好方法深造。再加上其涉想的范围，拘泥于惯例，新的道理和高深的方法，都不特别留意，说起来叫人伤心。我航海到日本，转眼几个月，耳闻眼见，有很多不同的想法。

图画，作为一件事物来说很简单，它的形状也很明确。全人类最复杂的思想感情，可以一看就知道。晚近以来，像书籍、报章等，没有不增添上图画，弥补文字语言之不足的。它能达到的效力，一般就是这样。

又说，这是图画的效力关系到智育的部分。如果阐发审美对于情操的作用，图画有最大的伟力。善于画图画的人其嗜好一定高尚，其品性一定高洁。凡是卑污丑陋的欲望，无不加以扫除和淘汰，所以把图画利用在宗教、教育、道德上，效果特别显著，这是图画的效力关系到德育的部分。又比如到户外写生，在郊野旅行，呼吸新鲜空气，饱览山水美景，运动肢体，放松精神，手眼并用，怎么想就怎么做，心旷神怡，

这是图画的效力关系到体育的部分……

　　李叔同这番艺术见解，在当时是非常前卫的，周啸麟颇为赞同。当时周正想为学校聘请一位实用美术教员，眼前的李叔同正是合适的人选。周啸麟当场递上聘书，聘请李叔同到天津初等工业学堂担任工业图案课教师，李叔同欣然同意。

　　这年的 10 月 10 日，同盟会领导武昌起义成功。转年 1 月 1 日，中华民国临时政府在南京成立，孙中山任临时大总统。统治中国 296 年的清朝政府退出历史舞台，长达两千年之久的君主专制制度终结。随之而来的是军阀割据的民国乱世。

　　作为响应过新思潮的李叔同来说，这个消息让他热血沸腾，他期许的像"管仲晏子"的能人横空出世，开启了中国的新纪元。为此，李叔同难耐激动之情，写下一首激昂壮烈的词作，题为《满江红·民国肇造杂感》：

　　　　皎皎昆仑山顶月，有人长啸。

　　　　看囊底、宝刀如雪，恩仇多少。

　　　　双手裂开鼷鼠胆，寸金铸出民权脑。

　　　　算此生，不负是男儿，头颅好。

荆轲墓，咸阳道；聂政死，尸骸暴。

尽大江东去，余情还绕。

魂魄化成精卫鸟，血花溅作红心草。

看从今，一担好山河，英雄造。

李叔同在词中痛快淋漓地抒发了他的感情：昆仑山顶皎洁明月下，英雄豪杰高声呼喊。鞘中宝刀雪亮，有多少仇恨要报。英雄壮举使胆小的懦夫吓破胆，很短时间就使国民懂了民权的思想。这一生，不枉为男子汉，就要不怕牺牲，投入民国事业。古代荆轲、聂政那样的英雄壮士，那种英雄气概又在重现。英勇奋斗流血牺牲，才实现了建立民国的理想。从今以后，祖国的好山河将由英雄来建造。

为辛亥革命成功欢欣鼓舞的李叔同，还没有意识到两个坏消息接踵而至，像一瓢从天而降的冷水，将他浇成了落汤鸡。第一个坏消息是，由清廷奏准创办的天津初等工业学堂宣布停办，他的第一份工作丢了。第二个坏消息是，天津各大钱庄利用国体变更，竞相宣告破产，用以侵吞客户存银。李家百万资产，经过两次"倒票"，化为乌有，他成了落魄子弟。突如其来的变故，让李叔同难以接受，但除了接受之外，没有更好的办法。

　　眼前最迫切需要解决的是家人的生计问题。一个是天津的妻子儿女，一个是上海的日籍夫人，这对于李叔同这种养尊处优的富家公子来说，真的很难。与二哥李文熙虽是同父异母的兄弟，但毕竟还是有正室与嫡庶之间那种微妙的隔阂，生母已经去世，李叔同似乎觉得，天津这个家没有待下去的必要了。

　　就在李叔同举步维艰之际，收到沪上挚友杨白民寄来的邀请信，诚邀李叔同南下上海，任教城东女学。李叔同思前想后，终于做出决定——赴信允聘。李叔同的出发点是，很多人脉都在上海，有份工作可养家，还能摆脱待业的苦闷。最主要的是可以与日籍夫人相聚。

　　1912年春节前，李叔同独自离开天津，南下上海，会见故友杨白民。这一别直到他在泉州圆寂，33年间再也没有回过天津。李叔同出家后，有三次回津的机会，均未成行。第一次是1926年，弘一大师在温州庆福寺闭关治律，1月30日，原配夫人俞氏在天津家中病故。收到二哥李文熙的报丧信，弘一大师有返津之意，向寂山和尚请假说，现在变乱未宁，弟子拟缓数月再定行期。后因撰写律学著作迟迟未能动身启程。

　　第二次是1927年4月，弘一大师在杭州寂光寺闭关。巴黎考察回国的俗侄李圣章奉父李文熙之命，到杭州劝"三叔"还俗。弘一大师辞谢说，等我将来道业有成，或可回津与家人团聚。

第三次是 1927 年 8 月，弘一大师寓居杭州本来寺。恰逢二哥李文熙六十大寿，弘一大师给家中去信，表示有意回津祝寿。李文熙获信后大喜，让儿子为三叔凑路费，寄到杭州。8 月 28 日，弘一大师抵达上海，本想即刻乘车回津，不料津浦路发生战争滞留上海，再次错过回津的机会。

李叔同告别给他骨血的出生地天津，最终却没能在故乡落叶归根，其间的心酸只有他自己知道。一个人对出生地不眷恋，只有一种可能，就是故乡伤过他的心，不值得他留恋了。每个人的心里，都深藏着无法释怀的故事，不可轻易触碰。李叔同在天津前后生活将近 22 年，生命的三分之一在此度过。离别后的那个春天，他能听到家门口海河传出盈盈的笑声，猛然想起少年时的欢乐情景。多雨的南方，再也看不到北方飘来的雪，曾经的理想飘浮在空中，落地的是柴米油盐的生活。除了逆流而上，他别无选择。

二、鼓吹女权

杨白民是李叔同的贵人，两人相识于"沪学会"。沪学会位于靠近城南的董家桥，与城东女学挨着。李叔同在同学黄炎培引荐下，结识了城东女学校长杨白民，两人很快引为知己。李叔同称杨白民为"白民老哥"。

杨白民（1874—1924），清末秀才，书画诗文俱佳，毕生投入教育事业。1902年赴东京考察时，发现日本女子教育完善，分设家政、烹饪、师范、工艺等专业。杨白民觉得非常实用，为女子到社会谋生创造了条件，也为其经济独立营造了环境。回国后的1904年，杨白民在上海南市竹行弄家宅，创办城东女学，开设普通科、幼稚科、师范科，聘请黄炎培、萧退暗、刘季平、包天笑等名流精英任教。1912年初，城东女学新设艺术专修科，内分图画、西画、音乐专业。

这也是李叔同到任之后，为其专门开设的课程。杨白民提倡男女平等，他对学生说，进入社会，男女都一样，学会本事都能为社会服务。女子不要过分依附男人，要自食其力，那样才能获得对方的尊重。

李叔同在城东女学教国文，举办国文讲习会，讲授文学、命题作文、阅卷评点。李叔同在授课当中，常常就当前社会重大事件和女学前途等方面的命题，要求学生在文章中表达见解，提高她们发现问题、分析问题、解决问题的能力。

1912年1月20日，雪子（杨白民的四女儿）作诗："生当报我国，死当扫其穴。须知锦绣好河山，血泪斑斑红点缀。祝我姐妹莫回头，休惜生离与死别。"李叔同点评曰：掷地作金石声，不作细想。人中虎耶！文中龙耶！谁谓巾帼无英雄耶！

李叔同在城东女学并未具体教授艺术课程，但他那颗艺术之心依然鲜活，他随时关注学校的艺术活动。后来到《太平洋报》做编辑期间，他还以记者身份，报道过城东女学的艺术教育和举办的书画工艺展，并对优秀学生高度赞扬。

《太平洋报》短短四个多月，就发表了22篇有关城东女学的消息。其中报纸出版第一天的"文艺消息"里就有《城东女学制作品》："南市竹行弄城东女学，杨白民先生竭力创办。其学科成绩卓著，

占上海女学第一位置。即所作各种美术品，亦精妙古雅，冠绝侪辈。如刺绣之琴联、屏条等，尤为学界同人所称许。又，城东女学讲习会会员诸女士工书法者极多，所书之对联、匾额等，悬列四壁，每为专家所赞赏云。"

在音乐方面，李叔同也进行过专门指导。李叔同来之前，学校里演奏的乐曲大多乏味俚俗，对此李叔同进行了调整，提高了曲目的格调。

1912 年 1 月至 8 月，李叔同在城东女学（兼职《太平洋报》）工作八个月，之后受经亨颐之邀到杭州浙一师任教。1924 年 8 月，杨白民积劳成疾，英年早逝，终年 50 岁。出家后的弘一大师得知消息，十分悲痛，给杨白民的二女儿杨雪玖去信说，"20 年来老友，当以尊翁最为亲厚"，表达了对"白民老哥"的悼念之情。

弘一大师曾介绍学生刘质平、丰子恺到城东女学任职，这也算是李杨之间友情的延续。

三、低调的社员

　　1912 年 2 月 11 日，在朱少屏介绍下，李叔同加入南社。南社是中国近代著名的文学社团。1909 年 11 月 13 日，由柳亚子、高天梅、陈去病发起成立于苏州虎丘。宗旨为：鼓吹辛亥革命，推翻清朝。活动中心在上海。社员总数 1180 余人，大多为同盟会会员，有"中国同盟会文学部队"之称。南社 1923 年解体，以后又有新南社和南社湘集、闽集等组织。前

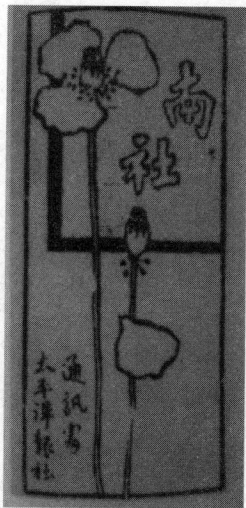

李叔同设计"南社"刊额

后延续 30 余年。南社的主要作家有柳亚子、陈去病、高旭、苏曼殊、

马君武、宁调元、周实、吴梅、黄节等。

　　南社通过每年春秋两季举行社员雅集、编印社刊《南社丛刻》，以及展开文学活动。南社盟主柳亚子看重李叔同的才华，让他设计《南社通讯录》的封面，三天后李叔同将设计好的样稿送到柳亚子面前。那是两套封面，供柳亚子挑选。柳亚子觉得哪张都好，就说两张一起使用，一张放在封面，一张放在封里就是了。

　　加入南社后，李叔同既要忙《太平洋报》编务，城东女学授课，后期又到杭州浙一师执教，因此只参加过四次活动。第一次：1912 年3 月 13 日，上海愚园南社第三次雅集。第二次：1915 年 5 月 16 日，杭州西泠印社南社临时雅集。第三次：1916 年 9 月 24 日，上海愚园南社第十五次雅集。第四次：1917 年 9 月 26 日，会同 204 名南社社员联名发表《公启》，提请社员仍选柳亚子连任南社主任。

　　李叔同在《南社丛刻》以李息、李凡之名，发表过《玉连环影·题陈师曾为夏丏尊绘小梅花屋图》《贻王海帆先生》《菩萨蛮·忆杨翠喜》《满江红·民国肇造杂感》等少量词作。

　　1918 年李叔同到虎跑寺出家，南社众人闻之皆为惋惜。柳亚子作诗《评息翁披剃事感成此赋》一首云：

重话樽前李息霜，

风流文采亦何常。

精修苦行吾无取，

麻醉神经事可伤。

柳亚子认为，李叔同的出家，是麻痹神经的行为，表示尊重，但不可取。柳亚子前后三四十年间，为李叔同写过十五首诗，表达的意思几乎一致，即惋惜李叔同的才华，认为完全可以像他一样，投身到革命洪流当中。可是，那不是李叔同想要的生活，作为朋友，他自当理解。

李叔同与南社的关系若即若离。民国元年，文人浮躁，积习难改，风头最劲的要数南社社友。柳亚子主持《太平洋报》期间，工作之余常常带着编辑们到歌场酒肆寻欢作乐。唯有李叔同孤高自持，绝不参与，他在那间狭小的办公室画广告，看来稿。此时的李叔同，似乎已看空色相了。

《太平洋报》之刊头题字

四、编辑与广告

（一）民国最懂广告的人

1911 年年末，广东革命军政府派出的北伐军取得了徐州大捷后，奉命撤回上海，准备返回广东解散。当时北伐军军长姚雨平利用手中的一部分军饷，创办了一所慈幼院，然后又用剩余的部分余款创办了一份报纸，取名为《太平洋报》。

当时思想开放，言论相对自由，出版审查禁区少，名流精英纷纷开报馆。上海报纸繁多，除了《申报》《新报》《沪报》《时报》《商务报》等定期出版的正规报纸外，还有许多自命新派的洋场文士自办的小报纸，有李伯元的《游戏报》、吴研人的《采风报》、沈敬学的《笑报》、周病鸳的《消闲报》，等等。这类报纸的内容，全是游戏文章与妓院戏馆的新闻，类似于现在的地摊小报。可是主办者并非胸无点墨，大多饱读诗书，于古典文学有相当功底，编辑的报纸题材新颖，信息量大，深受老百姓喜欢。后来各省市也纷纷效仿，什么《浙江潮》《洞庭波》《新湖南》及《豫报》纷纷创办，其中有主张排满革命的，也有主张保皇立宪的。

《太平洋报》由姚雨平任社长，朱少屏任经理，叶楚伧任总编，柳亚子任文艺主笔。一套领导班子就这样组建完成，但却面临一个不容忽视的问题——广告，报纸生存是要靠广告费来维持的，请到一位广告人才极为迫切。

朱少屏推荐了老朋友李叔同。朱少屏说，斯人不出，奈苍生何，有了他鼎力相助，定能解决此难题。当时李叔同还在城东女学任教，除朱少屏外，与其他人都不认识。但他的大名却如雷贯耳，早年上海滩声名卓著的才子，东京美术学校毕业的高材生，美术界的旗帜，音乐界的精英……人选当场定了下来，由朱少屏出面办理此事。

老友诚恳邀请，李叔同爽快应允，在《太平洋报》副刊《太平洋文艺》做编辑，同时负责报纸的广告设计和配文。李叔同在《太平洋报》任职四个月，副刊办得独树一帜，不落俗套。李叔同先从栏目设置着手，《太平洋文艺》分设文艺批评、文艺消息、文艺百话等栏目，分别刊载文艺论述、诗词、散文、杂感、文艺界动态等。因报社同人多为南社成员，《太

平洋文艺》也就成为南社社员发表诗文的阵地。李叔同在副刊先后发表

诗作《咏菊》《题丁梦琴绘黛玉葬花图》等。还用凡民的笔名，分期连

载《西洋画法》，通过介绍木炭画、石膏写生，向国人倡导西洋绘画。

李叔同还极力提倡振兴书法，亲自为《太平洋报》题书报额，接着在副刊发表隶书笔意创作《莎翁墓志》（注：

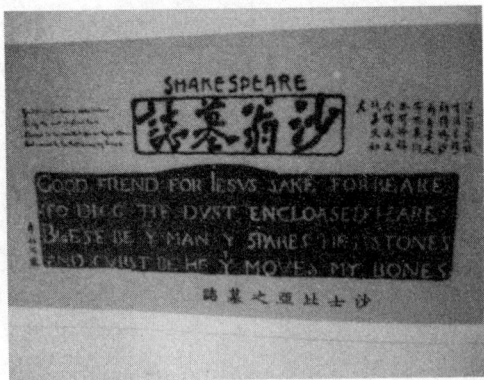

李叔同在《太平洋报》做编辑期间，
设计绘制的莎士比亚墓志铭

李叔同精读过英文版《莎士比亚全集》，出家前将这套书送给了丰子恺），

并以近代英语译出：

好朋友！看上帝的面上，请勿来掘这里的骨灰。祝福保

护这些墓石的人，诅咒搬移我骨的人。

墓志铭上有中、英两种文字，并有"李叔同书"字样。与苏曼殊

画作《汾堤吊梦图》同期刊出，被上海艺坛奉为"双绝"。

　　李叔同曾编过《书画公会报》和《音乐小杂志》，编报编刊对他来说已是轻车熟路。而这次工作经历最为出彩的却是广告，李叔同进行了精心准备和大胆创新。他大量查阅国外关于广告的资料，熟悉了广告的分类、使用、特征等理论。接着又查阅上海乃至全国报纸的广告，对比之后整理出其问题和不足，并想出完善提高的新方案。

　　首先是排版方面的改进。国内报纸的广告排列方式为单独排成一版，和整个报纸主要版面脱节。也就是说，广告不是插入内文的，而是孤立存在的。读者看报，一般都是看新闻、副刊，广告则一带而过，甚至弃之垃圾桶。对此，李叔同在每一版中插入广告，数量不等，但不会影响读者阅读。位置显著，版面大，收费则高，反之则低。这其实是一种"强制阅读"，读新闻必然要看广告，广告的目的也就达到了。

　　旧式广告全是文字，且信息量大，密密麻麻，让

《太平洋报》"太平洋副刊画报"出版广告

人读之生厌。李叔同的策略是，文字力求凝练，能三五句说明白的，就不用八九句，简明扼要地呈现信息。读者在几秒钟记住的广告，即为好广告。此外，李叔同还为广告配图，图文并茂，增强视觉效果，减少阅读文字的疲劳感。

旧式广告形式单一，都是直接的硬广告，而李叔同让广告变"软"，也就是现在的软文。为此他进行了小说式广告、新闻式广告、电报式广告、杂志式广告等形式上的尝试，取得不俗的效果。

旧式广告一成不变，无论刊登多久，还是那套广告语，还是那种形式，广告效力早已丧失。李叔同征求商家意见，专门制定出一套形式多样的"菜单"。广告根据客户需求变化，客户需要图文并茂就配图，客户认为前一种广告没有达到预期效果，可以要求更换其他形式。如果客户喜欢，每天变化一种广告形式也是可以的。广告以客户满意为目的，才能获得利益最大化。

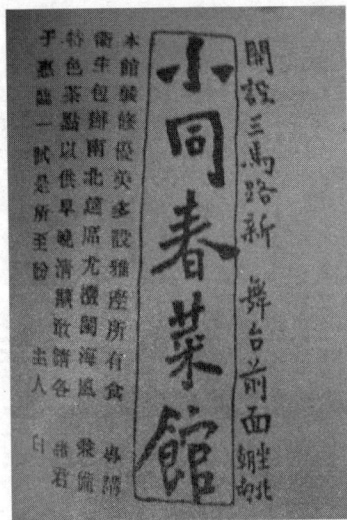

李叔同设计的小同春菜馆广告

　　李叔同以上广告创新理念，在民国是具有前瞻性的，也为中国广告做出示范，起到标杆作用。一个真正的广告人，需要想象力丰富，阅读量大，对文字和图画皆有见解，动手能力强，这些李叔同都具备。因此也可以说，李叔同是近代中国广告的创始人和先驱者，亦是一位具有先锋意识的广告创意总监。

　　经过几个月的精心筹划，李叔同以《＜太平洋报＞破天荒最新式之广告》的通栏大标题，在《太平洋报》1921 年 4 月 1 日创刊号第一版的下方全文连续三天刊出。以此向社会各界宣布，此举为上海四十年来所未见，中国开辟以来四千余年所未见。

　　广告语极具煽动性，这也符合青年李叔同与时俱进、大胆创新的精神气质。广告登出后，立即轰动上海报界，也轰动全国各地的企业，纷纷前来洽谈广告业务。创刊当天，接到广告订单上百件，第一炮打响了。

　　李叔同的心血全部投入在《太平洋报》的广告版上，这个版块被分割成若干方块，每个方块大小不一。整版竖看，拼接起来是对称的。横过来看，拼接起来也是对称的。有的是通栏，有的是在不起眼的角落。有的图在文字之中，有的文字在图案之中。网状图案、条形花边、碑体大字、蝇头小楷，一应俱全，美不胜收。

　　读者感到奇怪，这样图文并茂的广告是如何做出来的？常有电话、

信件询问，甚至有人专程拜访讨教。

　这都是李叔同一人完成的。他先是设计出每幅广告画原稿，然后反刻在一块版上，各种版块做成后，按大小比例均衡地排列在一起，置入版框之中，就这样完成了一版精美的广告。四个月来，李叔同加班熬夜，制作广告，配以文字，都是亲力亲为。但因身体受到极大损伤，逐步以书法代替画图。

　1912 年 7 月 6 日，李叔同积劳成疾，咯血。此病是在日本留学期间所得，归国后多次复发，后期形成肺结核。李叔同给许幻园写信说道：

　　　今日又呕血，诵范肯堂《绝命诗·落照》云："落照原能媲旭辉，车身人迹尽稀微。可怜步步为深黑，始信苍茫有不归。"通人亦作乞怜语哂（音读沈）也。家国困穷，百无聊赖，速了此残喘，亦大佳事。

　病痛的折磨让李叔同痛苦不堪，他心情郁郁，把死视为"好事"，以求尽快解脱。但那只是对朋友发的牢骚，相信许幻园在信中也会进行开导。当月李叔同在《太平洋文艺》发表诗作《人病》，抒发了咯血时的感受：

人病墨池干，南风六月寒。

肺枯红叶落，身瘦白衣宽。

入世儿侪（读 chái）笑，当门景色阑。

昨宵梦王母，猛忆少年欢。

李叔同说：人生了病，砚台也干了，不能写作，夏季六月吹着南风却觉得寒冷。心肺枯干好像秋天飘落的枯叶，身体消瘦，衣服也变得宽大。走到外面使同伴看了发笑，站在门前使景色变得难看。昨夜梦中到了天宫，猛然想起少年时的欢乐情景。

7 月中旬，李叔同决定辞去广告部主任之职，赶赴杭州，受聘于浙一师教职。李叔同离开《太平洋报》后，无人继任，广告又回

素描画（左为曾孝谷，右为李叔同）

到之前的状态。三个月后《太平洋报》因故停办，李叔同的广告作品成为绝响。

李叔同掀起的美术广告热潮，在上海产生巨大影响，各报均模仿

他的创意改进广告形式。后来的报纸用商品 LOGO 代替文字说明，也是受到李叔同的影响。李叔同设计制作的美术广告，以单幅计算，包括后期的书法广告，共计 250 件。李叔同所做广告的意义在于：

研究广告史的人，可从中获得近代广告史的资料。

研究美术史的人，可从中获得近代美术史的资料。

研究文化史的人，可从中获得近代文化史的资料。

研究新闻史的人，可从中获得近代新闻史的资料。

研究出版史的人，可从中获得近代出版史的资料。

研究书法史的人，可从中获得近代书法史的资料。

（二）多才多艺的编辑

李叔同责编《太平洋文艺》的成果，并不逊色于广告。李叔同是中国漫画的先行者，他的学生丰子恺则步老师的后尘。李叔同是实践者，丰子恺是中国第一个明确提出"漫画"概念的人。

1912 年 4 月 7 日，李叔同在《太平洋文艺》发表三年前旅日期间创作的漫画《曾存吴之面相种种》，曾指的是曾孝谷，当时曾也加入了南社，并且也在《太平洋报》任职，与李叔同一同编辑画刊和美术广告。李叔同将"曾"字绘成喜怒哀乐十二种表情。接着又发表陈师曾等漫画作品，发布《征求滑稽讽刺漫画》启事，通过公开评奖的形式，推广中国漫画。

李叔同还编发过苏曼殊的小说《断鸿零雁记》，配以陈师曾为之量身打造的几幅插图。当时陈师曾正好在上海，应李叔同之邀，为正在连载的小说配插图。苏曼殊为《太平洋报》主编之一，与李叔同是同事。前面说过，《太平洋报》是南社成员发表文章的阵地，苏曼殊也不例外。他除了发表诗文信札外，还交了这篇以前在爪哇完成的中篇小说。

《断鸿零雁记》是一部自传体小说，写一个孤儿漂泊流浪，并到海外寻母的故事。作品写得凄楚动人，心理描写亦极细腻。小说是根据作者苏曼殊的真实经历写成。

苏曼殊的父亲是茶商，母亲是日本人，是父亲苏杰生的第四房妻河合仙氏的妹妹。母亲生下苏曼殊三个月后就离开

李叔同在《太平洋报》时的同事苏曼殊

了他，苏曼殊由父苏杰生带回国，交由河合仙氏抚养。单亲家庭的阴影伴随苏曼殊一生。

15 岁时，苏曼殊随表兄去日本横滨求学，顺便寻找生母。期间，与日本姑娘菊子一见钟情，但他们的恋情遭到苏家的强烈反对。菊子投海而死，苏曼殊万念俱灰。回国后，苏曼殊去蒲涧寺出家，从此开始漂泊的一生。这些真实的经历，都被苏曼殊写到小说里。

苏曼殊的文学成就非凡，诗歌、小说、翻译俱佳。他的小说有《断鸿零雁记》《绛纱记》《焚剑记》《碎簪记》《非梦记》等 6 种，另有《天涯红泪记》仅写成两章，未完。这些作品都以爱情为题材，展示了男女主人公的追求与社会阻挠间的矛盾冲突，作品多以悲剧结尾，有浓重的感伤色彩，对后来的"鸳鸯蝴蝶派"产生了重要影响。苏曼殊还翻译过《拜伦诗选》和雨果名著《悲惨世界》。1918 年 5 月 2 日，苏曼殊因胃病逝于上海广慈医院，年仅 34 岁。死前留下一偈（注：佛经中的唱词，类似于诗词）："一切有情，都无挂碍。"就在这一年 7 月，李叔同遁入空门。

经李叔同的大力推荐，《断鸿零雁记》被文坛关注，苏曼殊也借此成为名副其实的文学家。后来有人臆断，《断鸿零雁记》连载时，李叔同帮助过润色加工。作为责编，修改作者来稿是其工作，但也仅仅是文通字顺而已，不会进行大改。好编辑的一个标准是，在保证原意的情况下，尽量不对文章进行大改。李叔同不会不明白这个道理。可以肯定的是，李叔同很喜欢这部小说。也许是他的某些经历与苏曼殊类似吧。
两人均出自富贵之家，李叔同 5 岁丧父，苏曼殊幼年被生母遗弃。两人
都在日本待过，都喜欢上日本姑娘。后来都是家道中落，不得不为生计
进入职场……

　　面对传闻，《太平洋报》主笔柳亚子坚决予以否认，对于苏曼殊
的这部小说，李叔同并没有应苏之请或主动为之作过什么"润色加工"，
充其量不过是一种见报前的编辑行为罢了。后来郁达夫对《断鸿零雁记》
评价道："有许多地方，太不自然，太不写实，做作得太过。"（详见
《郁达夫全集》第 10 卷第 284 页，题为《评论曼殊的作品》）

　　李叔同推荐《断鸿零雁记》的原因还有一个，即李叔同以息霜之
名出版过小说《若人欤（读 yú ），若人》，这是一部厌世小说，读之
凄然使人愁。其殆古之恨人耶！何其意之凄绝，词之工妙乃尔！这部小
说遗失民间，至今未见，实为可惜（出自《高旭集·愿无尽庐诗话》）。

五、抽签得诗扇

　　李叔同每次到上海，都能焕发出旺盛的艺术精力，这次也不例外。在《太平洋报》、城东女学工作的同时，他还联合叶楚伧、朱少屏、柳亚子、曾孝谷等南社成员，成立文美会。文美会宗旨为：以研究文学、美术为目的。每月雅集一次，内容包括展览作品、当庭联句、为书作画、名家演说、交换作品。

　　1921年5月14日，由李叔同策划主持，文美会在上海三马路天兴楼举行大会兼首次雅集。到会者有书画名家陈师曾（注：在此期间，陈为苏曼殊小说《断

李叔同为文美会设计的广告

鸿零雁记》配插图）、范彦珠、严诗庵、黄宾虹、吴昌硕、李梅庵等二十余人。大会议程包括三个方面：第一，到酒楼展室参观展品。包括会员提供的诗书画作交换品、出售品、收藏品，共计数十件。第二，当场交换作品。由李叔同、曾孝谷主持，抽签决定交换者双方。在场艺术家都有各自倾慕的对象，李叔同最想得到范彦珠的诗扇，担心抽签失败，不免心中惴惴。好在天遂人愿，范彦珠的诗扇终于落入李叔同手中。曾孝谷所得是李叔同的书法。这种紧张又活跃的气氛，让在场的每个人都感到新奇和兴奋。第三，传阅李叔同新编的《文美杂志》，刊登作品全为会员手迹。文章有李叔同《李庐印谱序》，姚鹓（读 yuān）雏《文美杂志序》、曾孝谷《与某记者论西洋书画》等。书画有曾孝谷的《马》、陈师曾的《太平洋广告图案集》、李叔同的《盼》。

文美会创办将近四个月，终因李叔同分身乏术，不得不于 6 月 30 日并入国学商兑会。文美会的艺术活动宣告结束。

国学商兑会于 1912 年 6 月 30 日成立，发起人李叔同、高燮、姚光、蔡守、叶楚伧、姚雪钧、柳亚子、胡朴安、余天遂、林百举、陈脱庵、周伟等，除文雪吟之外都是南社社友。会址先设在张堰姚家，后搬至高燮闲闲山庄。其宗旨就是国学商兑会的章程"扶持国故，交换旧闻"。

国学商兑会公开选出经史子文，评辑员各一位，常会一月一次，

大会一年两次，会议主题是"讨论学术，发明文艺"。成立大会商定五项事务：（1）向教育部立案；（2）各省设立分会；（3）沪上文美会并入本会，文美会发起人是：叶楚伧、柳亚子、朱少屏、李叔同、曾孝谷；（4）于本会先筹设藏书楼；（5）每年出选集四册。

六、探讨民国教育

上海时期的李叔同，无论是诗文、金石书画还是教书、当编辑、做广告均已名满天下，艺术圈的人没有不知道他的，常有慕名拜访者。1912年7月，李叔同在住所接待了一位不速之客——对方是杭州浙江两级师范学堂校长经亨颐，李叔同热情接待。

经亨颐（1877—1938），曾两赴日本留学，1910年毕业于东京高等师范学校，回国后任杭州浙江两级师范学堂教务长、校长。经亨颐对教育的看法，在当时非常先进。他认为学校不是贩卖知识的商店，人为什么进入学校接受教育？是为了学做人。所以，教育当以陶冶人格为主。他强调学生应该德、智、体、美全面发展。在教法上，他提倡自动、自由、自治、自律，提出训育之第一要义，须将教师本位之原状，改为学生本位。他专门成立学生自治机构，要求教师必须有高尚之品性，反对

那些因循敷衍，全无理想，以教育为生计之方便，以学校为栖身之传舍的庸碌之辈。此外，他还力主活跃学术空气，丰富课余生活，注意多方面培养和陶冶学生人格。

经亨颐所倡导的先进教学理念，很多是在日本留学期间的亲身感受。同样从日本教育获益的李叔同，自然是赞同的。两人聊得很投机。经亨颐说，我立志毕生献给教育事业，想邀请志趣相投者共创未来，李先生愿不愿意接受我的邀请，到学校执教？经亨颐又说，我现在虽是学校教务长，但很快就会升为校长主持校务，说过的话还是算数的，这点还请李先生不必多虑。今年下半学期，我校将开设图画手工专修科，拟招三十余名学生。他们像我一样，企盼李先生去开荒辟野，传授西洋艺术。

经亨颐新开设的图画手工科与李叔同留学专业相关，到那所学知识有了用武之地。加之风景如画，空气温润的杭州，是其极为喜欢的城市，李叔同的老家也在浙江平湖。诸多因素相加，李叔同答应了经亨颐的邀请。

经亨颐有备而来，立刻呈上聘书，聘请李叔同到校任教图画，李叔同当场接受聘书，于 1912 年 8 月到杭州执教。经亨颐的可贵之处在于，身为学校高层，常以"不速之客"的身份上门延聘。浙一师的很多名师，都是他采取这种方式聘请的。李叔同这是第二次到杭州，第一次是在 1902 年秋天，以嘉兴府平湖县监生资格，参加"补行庚子辛丑恩正并科"乡试，结果未能入第。那次李叔同在杭州盘桓一个月，可能是因为考试不顺利吧，没能好好游玩这座江南名城。这次他前后住了 10 年，直到 1921 年初夏移居永嘉（温州），而杭州被他深深刻在心里。李叔同曾说，杭州这个地方实堪称为佛地，因为寺庙之多约有两千余所，可想见杭州佛法之盛了！

1912 年 8 月，李叔同先后辞去城东女学教职、《太平洋报》编务，安顿好日籍夫人福基日常生活，起身赶赴杭州。此时的杭州浙江两级师范学堂名师云集，陈望道、刘大白、李次九、夏丏尊"四大金刚"，分别担任四个年级的国文老师，教白话文。手工（书法）教员有姜丹书。除了这些名流，先后在该校任教的名师还有沈钧儒、沈尹默、张宗祥、鲁迅、马叙伦、朱自清、叶圣陶等。这些人都是靠经亨颐的人格魅力聘请而来，杭州浙江两级师范学堂的师资力量，在当时名列前茅。

第六章 教师

　　夏丏尊说，李叔同在学生中有很好的威望，他像菩萨那样有"后光"，即深厚的学问功底和全面的文艺才华。他将图画音乐，看得比国文、数学还重，这是有人格做背景的缘故。他教图画音乐，而他所懂得的不仅是图画音乐。他的诗文比国文先生的更好，他的书法比习字先生的更好，他的英文比英文先生的更好。

一、西湖落我手

在宋朝，杭州约有三百多家寺院，大多在山顶上，在这等地方与山僧闲话，可消磨一个下午的时光。若去游览这些寺院，往往需要几天的时间。江南的天气，一年四季都能引人外出游玩。杭州有西湖，有茶，有美女，有诗情画意，有庙宇，有苏东坡。山峦、建筑、白云倒映水中。杭州有朋友，有知己，有爱和自由。

到杭州一周，李叔同在同事夏丏尊、姜丹书的邀请下，共游西湖。初秋的西湖景色别致，荷花池中的荷叶已经枯萎，只剩下稀稀疏疏的几根荷叶杆在水面上，颇有点秋意。池塘边的垂柳也被秋风吹黄了，秋风乍起，树上的叶子像一只只蝴蝶，飘飘荡荡地落下来。鱼群追逐着落叶，像举着一把小小的黄色的油纸伞。远处破旧的城墙，在烟雾的暮色中，静静地矗立。时有游人泛舟，唱的是"荷叶罗裙一色裁，芙蓉向脸两边开。乱入池中看不见，闻歌始觉有人来"的古曲，只闻歌声，不见采莲的姑娘，那不过是一种幻想中的生活。游西湖的人很少，似乎只有他们三个。

不知不觉已近傍晚，三人到那家名为"名景春园"的小茶馆喝茶。当时李叔同的住所离西湖很近，只有两里路的距离，后来他常独自一人到茶馆的楼上喝茶，凭栏看着西湖的风景。茶馆里的人很多，茶客多为摇船、抬轿的劳动者，提茶壶奔走的伙计穿梭于楼上楼下。茶馆附近，是有名的昭庆寺。李叔同喝茶之后，顺便到那里去看一看。

三人落座，要了茶和小吃，接着便品茶畅谈。夏、姜二人与李叔同是第一次共事，但神交已久。夏丏尊曾在东京宏文书院留学，热爱传统文化，脾气秉性与李叔同相投，见到李叔同之后，可聊的话题很多。姜丹书与李叔同同为南社成员，二人均酷爱书法，加之又都在学校住宿，接触较多，感情比他人亲近。这次夜游西湖，从某种意义上说，是三人友谊的开始。夏、姜二人的名字，在李叔同出家后经常出现，那便是真正的友情了。而夏丏尊则更成为促使李叔同出家的始作俑者，他的无心之言常常被李叔同铭记在心。第一次是在1913年，那次也是到名景春园喝茶。学校里有一位名人来演讲，李叔同和夏丏尊出门躲避，到湖心

亭上喝茶，不知是聊到什么话题，夏丏尊感慨道，像我们这种人，出家做和尚倒是很好的。李叔同抬头，望着离西湖不远的昭庆寺，隐约听到悠远的钟声似有所想。他记下了这句话。弘一大师后来说，夏丏尊的话，是他出家的一个远因。

游玩归来，李叔同当晚秉烛写文纪念这次游玩，文章名为《西湖夜游记》：

壬子七月，余重来杭州，客师范学舍。残暑未歇，庭树肇秋，高楼当风，竟夕寂坐。越六日，偕姜、夏二先生游西湖。于时晚晖落红，暮山被紫，游众星散，流萤出林。湖岸风来，轻裾致爽。乃入湖上某亭，命治茗具。又有菱芰，陈粲盈几。短童侍坐，狂客披襟，申眉高谈，乐说旧事。庄谐杂作，继以长啸，林鸟惊飞，残灯不华。起视明湖，莹然一碧；远峰苍苍，若现若隐，颇涉遐想，因忆旧游。曩岁来杭，故旧交集，文子耀斋，田子毅侯，时相过从，辄饮湖上。岁月如流，倏逾九稔。生者流离，逝者不作，坠欢莫拾，酒痕在衣。刘孝标云："魂魄一去，将同秋草。"吾生渺茫，可唏然感矣。漏下三箭，秉烛言归。星辰在天，万籁俱寂，野火暗暗，疑

似青磷；垂杨沉沉，有如酣睡。归来篝灯，斗室无寐，秋声
如雨，我劳如何？日瞑意倦，濡笔记之。

字里行间并未看出李叔同的心情多么愉悦，反倒是读出几许愁丝，
就算是杭州的美景，也无法消除他心头的愁云。所谓愁云，生计和病尔！
李叔同的薪酬要照顾天津的家和上海的家。他的肺病越来越严重了，加
之久未根治的神经衰弱、手足麻木也屡次复发。李叔同心情上虽不算开
朗，但他还是全身投入到教学当中。对于西湖，李叔同也是喜爱有加。
他为西湖写出"西湖落我手，流宕欲何之"的诗句，表达了与西湖难舍
难分之情。

李叔同还编过乐歌咏赞西湖，他眼中的西湖颇有禅意：明澈的西
湖一片碧水，六座桥锁住烟雾笼罩的水面。宝塔的倒影摇动错落，有装
饰华美的游船自由地来去。堤上垂杨柳两行，长堤一片绿色。晴天轻风
飞扬，又有悠扬的笛声响起。看青山围在四面，南北的山峰一样高。山
色空灵迷蒙，还有竹和树木使山色更加幽深迷人。探寻古老洞穴的烟雾
霞光，浓郁的翠绿直扑脸面须眉。雪（读 zhà）溪傍晚下起雨，又有钟
声从林外传来。这样的大好湖山，独占了大自然的美。明澈的湖水碧绿
无边，又有绿树密集的青山。晴天水光荡漾，满溢波动，雨天景色幽深
新奇，好比美女西施的装扮，浓妆淡抹都很美。

李叔同的原籍是浙江平湖，所以他对西湖有着与生俱来的好感。他一生难以割舍西湖，屡次谢辞到外地工作的邀请。

1915年夏，津门故友陈宝泉力邀李叔同到北京高等师范学校工作。陈宝泉之父陈墨庄与李叔同之父李筱楼都做钱庄生意，既是同行也是朋友。陈宝泉与李叔同是发小，他们的老师都是天津的名士。陈宝泉师从严范孙，李叔同师从赵元礼，二位老师又是好友。李叔同含笑谢辞。

1915年8月，南京高等师范学堂（后文中简称"南京高师"）首任校长江谦，以南洋公学校友名义，几次登门苦求，邀李叔同前去任教，李叔同推辞。最终双方达成协议，李叔同不辞职，兼职教授图画。征得经亨颐同意后，李叔同与江谦约定，每月在浙一师与南京高师各任课两周。李叔同在9月3日给留学日本的学生刘质平写信说道：

> 顷奉手书敬悉。《和声学》亦收到。不佞于本学年兼任杭、宁二校课程，汽车往来千二百里，亦一大苦事也！
>
> 尊状近若何？至以为念。人生多艰，不如意事常八九。吾人于此当镇定精神，勉于苦中寻乐。苦处处拘泥，徒劳脑力，无济于事，是自苦耳！吾弟卧病多暇，可取古人修养格言（如《论语》之类）读之，胸中必另有一番境界。

下半年仍来杭校甚善，不佞固甚愿与吾弟常相聚首也。

秋讯游日本未及到东京，故章程尚未觅到，详情容后复。

李叔同在南京高师兼职期间，做了四件事：一是创作《南京高等师范学堂校歌》，二是与时任南京道尹公署视察的留日学友韩良候重逢（注：二人在日本相识），三是先后推荐学生李鸿梁、周玲荪到南京高师代课；四是创办佛学社团"宁社"，假日于南京鸡鸣寺为师生举办蔬食讲演与古书字画金石展览。

宁社为李叔同首次创办的与佛教有关的社团。此时的李叔同开始研究佛学典籍，他自然有意无意之间谈到佛学，对学生的影响是显而易见的。因了李叔同多年前的"助缘"，有两个人与佛结缘：一个是李叔同再传弟子刘绍成，刘为周玲荪的学生，得知李叔同出家，辞去上海商务书局编务追随李叔同而去；另一个是校长江谦，后辞去校长职务，返回老家江西婺源做了吃斋念佛的居士。

弘一大师六十寿诞，江谦写了一首诗，题为《寿弘一大师六十周甲诗》，回顾了当年在南京高师加入"宁社"，跟随李叔同学佛的因缘：

鸡鸣山下读书堂，廿载金陵梦未忘。

宁社忝尝蔬笋味，当年已接佛陀光。

浙一师校长经亨颐多年后回忆道：我当校长的时候，有人多次聘他（李叔同）到外地执教，先生却推辞之。他愿意住在杭州的原因，大概是因为西湖吧。西湖固然重要，而友情也重要。李叔同留下的主要的原因，是为了友情——夏丏尊舍不得他走。

夏丏尊是李叔同生命中的挚友，两人对学生的教育方式却截然不同。李叔同是温而厉，夏丏尊则是打成一片。夏丏尊在浙一师当舍监，学生给他起外号叫"夏木瓜"。这个外号是褒义。因为夏丏尊对学生如对子女，率直开导，不敷衍、不欺蒙、不压迫。夏丏尊教国文时，让学生们写一篇自我介绍，并且嘱咐说，不准讲空话，要老实写。

一位学生写他父亲客死他乡，他"星夜匍匐奔丧"。夏丏尊笑问："你那天晚上真的是在地上爬去的？"引得大家发笑，那位同学脸孔绯红。一位学生意志消沉，在文章中模仿古人"乐琴书以消忧，抚孤松而盘桓"。夏丏尊问："你为什么来考师范学校？"那位同学无言可对。

夏丏尊遇事爱问，尤其是与李叔同交往。一次夏丏尊拜访弘一大师，中午吃饭时，弘一大师只吃一道咸菜，夏丏尊不忍心地说："难道你不

嫌这咸菜太咸吗？"弘一大师答："咸有咸的味道！"过一会儿，弘一
大师吃好后，手里端着一杯开水。夏丏尊皱眉道："没有茶叶吗？怎么
每天都喝这平淡的开水？"弘一大师笑答："开水虽淡，淡也有淡的味
道。"真正应了那句"君子之交淡如水"的老话。

二、写生引发的误会

　　浙一师在杭州下城区，此处原是明清时浙江行省贡院旧址。1905 年，在废除科举制度兴办学校的浪潮中，旧贡院被拆除。1908 年，在贡院旧址按照日本东京高等师范学校的图样建成，当时称为浙江两级师范学堂。分优级师范和初级师范两部，分别培养中学及小学老师。1912 年，浙江两级师范学堂改名为浙江两级师范学校。1913 年取消优级师范，保留初级师范，改名为浙江省立第一师范学校（简称"浙一师"）。

　　李叔同执教后，尝试的第一项革新就是提倡写生。初学绘画的学生，不用临摹，由写生入手。这是他在日本留学时的心得。临摹的弊端在于，会阻碍学生创造力的发展和个性的养成。喜欢临摹的学生，不懂得对事物给予突出的表现，因为他们照本宣科，老师让画什么就画什么，不善于用自己的眼睛去看事物，这样画出的作品缺乏个人的特点和思想。从教学角度来讲，这样会消磨学生的想象力。从家长角度来讲，花钱送孩子上学，是为了学真正的知识，而不是让他们临摹别人的作品。为此李叔同讲解演示之后，现场指导学生写生，剩下的时间留给学生思考和发挥。作业完成后，大部分同学都画出了自己的特点，效果很好。

写生分为室内写生和户外写生，又分为实物写生和人体写生。实物写生有利于学生练习目测，是学习西洋画的入门课。图画教室内陈列着石膏模型，李叔同告诉学生，石膏模型乃仿实物之形状，以美妙之直线与曲线构成，其色纯白，阴影处无色彩错乱之虞，阴阳浓淡之程度容易判别。故学图画者，当确信石膏模型为实物写生用的第一完全之范本。

第一堂课，李叔同推门而入，灰色粗布袍，黑色马褂，布底鞋子，黑色铜边眼镜。整体朴素大方，毫无寒酸之感，一副为人师表的形象。李先生高而瘦，宽阔的前额，细长的眼，垂直的鼻子，厚而大的嘴唇，给人以温和而又严厉的感觉。他的面前，放着花名册、讲义、粉笔、金表。大家瞪着眼睛，凝视着讲台上的李先生。

学生们对这位李先生早有耳闻，出身富贵之家，成名于上海，是"祖国歌"的作者，留学东瀛……一系列的头衔，让大家对眼前的李先生充满好奇。他们想看看，李先生到底有多大的本事。

开始点名了。李先生没翻花名册，就能准确地叫出几位学生的名字，让学生们好生惊奇。原来李先生点名之前，翻阅花名册，对照学生的座位将名字熟记于心。

李叔同所教课程属于新增设的课程，也并非国文那样的主要课程，学生们并不重视。但是李叔同不这样认为，他相信，通过一段时间的学习，学生们会改变这种偏见。当时校方规定，早晨到了课堂，直到晚上九点才能回宿舍就寝。中间这段时间，李叔同要求学生们练习画画，他牺牲个人的休息时间，进行现场辅导。

新落成的图画教室配备天窗、画架。学生们手拿木炭画笔，凝视面前的石膏模型，一边沉思，一边挥笔。李叔同则背着手，穿梭于学生中间，不时纠正着学生的姿势，观察他们的进度。必要的时候，就亲自示范，嘴里轻轻地说，"这样画就好嘛"。

户外写生课分为集体写生与个体写生。集体写生就是，让学生们乘坐校方提供的木船，到西湖速写湖光山色。通过现场教学，强化写生训练。学生既可以亲近自然，呼吸自由空气，还可以现场教学，效果很好。个体写生就是学生在假日各自到野外择地进行写生，由于民国时期国内尚无写生先例，社会上也不明白写生为何物，学生李鸿梁第一次写生就遇到了麻烦。

李鸿梁和张联辉到运河边写生，一名警察见他们搭起三脚架来画画，便起了疑心，以为是私下测绘地图的，便上前盘问道："你们是哪里的？"张联辉以为问籍贯，答道："东阳（浙江金华的一个县名）。"警察听是"东洋"人，如临大敌，便要带他们去警察局。李鸿梁赶紧解释，但警察仍不放过，幸好过来另一个人，听完两人的解释后，帮着他们说服了警察。

又一次，李鸿梁独自一人到苏州写生，刚下火车便被警察拦住，要检查行李，因警察见他背的画架很是古怪。警察从他的包裹中发现几支从未见过的牙膏状的东西，挤了一点，发现是一种油腻腻软乎乎带颜色的膏状物，便更加怀疑，将这支油画颜料全部挤了出来。为了查明真相，警察接下来还要挤其他的颜料。李鸿梁急了，闹到站长室，剩下的几支颜料才幸免于难。由此可见，美术写生在民国初年还是新鲜事物。李叔同所倡导写生的意义，也凸现其非凡的意义。

三、力与美的享受

中国裸体写生的首创者是李叔同，而非刘海粟。刘海粟是在 1915
年开始的，李叔同早他一年。1914 年秋，经过一年多的练习，学生们
的绘画基础打得牢固了，李叔同决定进行人体写生课，让学生们现场绘
画。写生之前，李叔同担心引起误会，特地做了铺垫。

李叔同说，通过前一阶段的学习，你们已有了面对实物进行素描
写生的初步技能，但这还远远不够。写生人物形象，是绘画内容中的基
本部分，也是绘画艺术的基本技能，我们必须学会如何画人物。当然，
临摹人物画也是一种途径，但和其他临摹方法一样，并不是根本的途径。
为了掌握人物画的基本画法，从现在起，我们开始人物写生。

有学生问，李先生，何为人物写生？李叔同答，所谓人物写生，
就是对着真人写生作画。希望大家提前做好心理准备。学生再次露出

疑惑。李叔同又说，人体写生，就是裸体写生，现场有真人裸体站立当模特……裸体写生？倒是在报纸上看过，国外美术学院开设了这门课，没想到浙一师也要搞，到底是不是真的？学生们在将信将疑中各自散去。

人体写生课如期举行，学生们带着好奇心，早早进入画室。教室的窗子都用窗帘遮住，显得略微幽暗。少顷，李叔同进入画室，把门插好。他走上讲台，环视大家后说，我现在郑重地告诉诸位，为了正规、科学地学习绘画基本功，更准确地掌握人体结构，今天我们在这个教室里进行裸体写生教学！这在我们中国是破天荒第一遭，所以刚才我要级长点一下名，免得哪位同学缺席了。我们不能为某一位缺席的同学，单独补这种功课。大家都来了，这就很好，这就很好。现在请大家稍候一下，我去把模特领来。

没多久，一位四十多岁的男子羞涩地走到大家面前，他身上披着一件薄棉被，肌肉很发达，线条非常优美。男子与李叔同用眼神进行交流后，将被单取下，一丝不挂地展示在众人面前。这对于学生们来说，无疑是一次心理上的挑战，有的学生害羞地低下头，还有的笑而不语。画室陷入一片死寂。

李叔同打破沉默，说道，同学们，这是难得的机会，你们要好好

李叔同（右边站立第二人）首次给学生上人体写生课

利用这样的机会，把平时所学充分展示出来。我知道，大家心里藏着各种各样的想法，有诸多不解。但我请大家相信，艺术是有温度的，我们每天面对那些冷冰冰的墙啊树啊石膏啊，画出的作品生气有余但灵魂不足。只有面对鲜活的、散发着温度的模特，才能激活你们敏感的艺术细胞，创作出有血有肉的作品。同学们，下面开始作画！

学生们慢慢消除了心理障碍，勇敢地抬起头，注视着站在课桌上的模特。此时，从洞开的气窗中射进来的阳光，有如新式舞台上的一束追光，正集中在模特的身上，他像一尊雕塑般矗立在教室中，给人以力和美的感受。这正是人体写生需要的艺术感觉。

学生们获得灵感，立时在画板上勾勒了起来，画室里传出画笔摩擦纸张"沙沙沙沙"的美妙声音。李叔同站在进门处一侧，欣慰地看着学生们认真作画的样子。也许他心里在想什么，也许什么都没想，只是静静地欣赏着眼前这幅不食人间烟火的画面。

在李叔同的精心传授下，学生们的学业进步极大，冒出了李鸿梁、丰子恺、潘天寿等天赋极高的好苗子。1915年，李叔同精选学生作品多幅，准备送往旧金山万国博览会参展。民国的艺术预审者无知，没有意识到美术的价值，送审画作全部未通过。

李叔同对学生们说，诸位不必气馁，我们的艺术，百年之后总会有人了解。李叔同此言保守了一些，何至等到百年，此后的数十年间，中国的绘画史被他的学生丰子恺、李鸿梁、吴梦非、潘天寿等人推向鼎盛。李叔同的画作，也成为国内外书画收藏家竞相争抢的精品。

四、《送别》作于清明前夕

　　李叔同在图画课程方面取得不俗的教学成果，在音乐方面也是硕果累累。李叔同执教后不久，学校规定，图画手工专业的学生毕业后要教唱歌。为此学生们很焦急，再三请求校方增设音乐课，并希望李叔同授课。李叔同没有推辞。

　　上课前，李叔同给学生发了一张问卷，调查他们学过几年音乐，想学到什么样的程度，对音乐如何理解等。根据这些问题，制定切实可行的教学计划，以达到预期的效果。他还是从打基础做起，首先为学生传授乐理。他编写讲义，提倡五线谱教学。委托校方购买手风琴三十多架，置于礼堂四周走廊。然后编选练习曲，课余增设琴课。每次上课，十多名学生分组观看，李叔同用钢琴示范，讲解指法要领。如有不合格者，不批评，只说"蛮好蛮好，明天再弹一遍才能通过"。

当时中国没有专业音乐教材，李叔同便自编"学堂乐歌"，给学生们当作教材。学堂乐歌，是指 20 世纪初期中国各地新式学校中音乐课程中大量传唱的一些原创歌曲。这些歌曲多以简谱记谱，曲调来自日本以及欧洲、美国，由中国人以中文重新填词。学堂乐歌为中国近现代音乐史贡献了一批早期的优秀声乐作品，开"新音乐"创作之先河。使"集体歌唱"这一歌唱形式深入人心，为后来的群众歌咏运动打下了基础。通过乐歌的传唱和学校音乐教育，西方基本音乐理论和技能开始系统地、大范围地在中国传播。

李叔同编的乐歌都是自己选曲填词，或者作词作曲。由于曲调优美，歌词意境深远，画面感强，深受学生喜爱。这一时期，李叔同佳作不断，最著名的有《送别》《春游》《忆儿时》《早秋》《西湖》等，后被收入丰子恺、裘梦痕主编的《中文名歌五十首》。

其中《送别》最为著名，歌词清新淡雅，意象幽远，情真意挚，凄美柔婉：

长亭外，古道边，芳草碧连天。

晚风拂柳笛声残，夕阳山外山。

天之涯，地之角，知交半零落。

一觚浊酒尽余欢，今宵别梦寒。

此歌曲调取自约翰·P.奥德威作曲的美国歌曲《梦见家和母亲》。李叔同在日本留学时，日本歌词作家犬童球溪采用《梦见家和母亲》的旋律填写了一首名为《旅愁》的歌词。而李叔同作的《送别》，则取调于犬童球溪的《旅愁》。

李叔同版的《送别》，由于删去了原曲中每四小节出现的切分音，显得简洁干净，朗朗上口。加之填词古韵悠长，意境优美，为这首歌的传播起到了画龙点睛的作用。

这首歌作于李叔同在浙一师任教期间，日期为1913年。笔者分析，《送别》作于1913年春的某天（清明节前后）。李叔同于1901年（辛丑年）春天，由上海回津，打算从天津到河南探望二哥李文熙。当时正值八国联军祸乱京津，义和团据守海边，杀伤外国兵，行人都很害怕。因道路受堵，李叔同不得不取消去河南的计划。居津半月后，李叔同返回上海，将旅途的经历见闻和感受写成《辛丑北征泪墨》（以下简称《泪墨》）出版。

在《泪墨》中，李叔同说，过了几天，他随同赵元礼师、大野舍吉君、王耀忱君及上冈君，在育婴堂合影，因为赵师最近在这里做事。日本人求赵师书法作品，见到李叔同，也都争着拿来纸张求字，颇有应接不暇的势头。求字者有神鹤吉、大野舍吉、大桥富藏、井上信夫、上冈岩太、崎饭五郎、稻垣几松。其中大桥君在书法上较有名气，李叔同求得数张他的字。又求赵师转求千郁治书写一联，因为千叶君名声很大……

《泪墨》中有一首诗《津门清明》："一杯浊酒过清明，觞断樽前百感生。辜负江南好风景，杏花时节在边城……"意思就是说，饮一杯浊酒度过清明，端着酒杯百感交集，令人心伤肠断。辜负了江南的好风景，杏花盛开时节，我却在满目萧索的天津。这首诗的主题是离别——告别津门友人（赵元礼、严范孙等），伤感的调子弥漫其间。意象有浊酒，江南风光。

拿这首诗与《送别》的歌词对比，你会发现，《送别》中的意象除长亭古道、晚风笛声外，还有浊酒和坏心情。表达的主题是送别——在凄寒中送别曾经的知己（日籍夫人、天涯五友、南社诸君、杨白民），往事不过是一场梦，今晚梦醒，离别远行人。

从上面的对比不难看出，两首作品（一首诗，一首歌）精神气质有相似之处，表现的手法也差不多。《津门清明》作于1901年清明节前后，当时的伤感深深刻在李叔同的心里，乃至多年后仍然挥之不去。

于是在 1913 年春的某天，在杭州潮湿的寒冷中，李叔同准备为一支曲子填词。他望着窗外，寒风中萧索的景致，想起十几年前的那次经历，灵感油然而生，填好了《送别》这首词，歌中还残存着《津门清明》中的影子。

《泪墨》结尾这样写道：午餐后，同人又各奏乐器，笙琴笛管，都很优美。吹奏当中，又有人唱起歌来。忧愁的人在这里，也可以稍稍解除寂寞之感。然而仅仅音乐又有什么用呢？只是增加我的感慨罢了。在睡觉前口占一绝："子夜新声碧玉环，可怜肠断念家山。劝君莫把愁颜破，西望长安人未还。"李叔同在此提到笛子、歌声、忧愁、寂寞等意象，这又与《送别》大体相似。因此笔者推断，《送别》创作于清明节前后。

《送别》最初发表版本见于裘梦痕、丰子恺合编的《中文名歌五十曲》。此书收录李叔同作词作曲或填词的歌曲作品 13 首，1927 年 8 月由开明书店出版。此书的歌词字体不是标准印刷体，而是手写体。书写之人可能是编者。其中"一觚浊酒尽余欢"一句，"觚"还有壶、樽、瓢、杯等别字。如果按照《津门清明》中第一句看，李叔同不太可能用壶、樽、瓢这三个字，因为读唱起来不押韵。李叔同精通诗词音律，创作必然斟字酌句，加之他偏好古义，最有可能用的应该是"觚"字。"一觚浊酒尽余欢"，唱起来也朗朗上口，这与李叔同作曲追求的思路是一致的。

为了改变学校音乐课仅有齐唱歌曲的局面，李叔同首开合唱之风，形式包括二、三、四部。李叔同在这一时期创作的二部合唱曲有《伤春》：

> 看落花飘，听杜鹃叫，一片片是惊报，一声声是警告。
>
> 看落花飘，听杜鹃叫，似劝说觉悟呀! 青春易老。
>
> 人生过隙驹，今日朱颜，明日憔悴。
>
> 人生过隙驹，今日繁华明日非。
>
> 花落人怜，人死谁悲? 花落人埋，人死谁瘗?
>
> 叹落红之漂泊，感人生之须臾。
>
> 看落花飘，听杜鹃叫，一片片是惊报，一声声是警告。
>
> 看落花飘，听杜鹃叫，似劝说觉悟呀! 青春易老。
>
> 人生过隙驹，今日朱颜，明日憔悴。
>
> 人生过隙驹，青春一去徒伤悲。

三部合唱曲有《春游》：

　　春风吹面薄于纱，春人装束淡于画。

　　游春人在画中行，万花飞舞春人下。

　　梨花淡白菜花黄，柳花委地芥花香。

　　莺啼陌上人归去，花外疏钟送夕阳。

四部合唱曲有《归燕》：

　　几日东风过寒食，秋来花事已阑珊。

　　疏林寂寂双燕飞，低回软语语呢喃。

　　呢喃，呢喃，呢喃，呢喃，雕梁春去梦如烟。

　　绿芜庭院罢歌弦，乌衣门巷捐秋扇。

　　树杪斜阳淡欲眠，天涯芳草离亭晚。

　　不如归去归故山，故山隐约苍漫漫。

　　呢喃，呢喃，呢喃，呢喃，不如归去归故山。

五、首写"欧洲文学史"

1913 年 6 月，李叔同以"浙一师校友会"名义，创办校刊《白阳》。设立题字、文集、说部、诗集、词集、曲集、文学篇、音乐篇、绘画篇、印稿、画稿等栏目。创刊号封面由李叔同设计，全部文字也由他用毛笔书写石印。创刊号有李叔同《白阳诞生词》："技进于道，文以立言。悟灵感物，含思倾妍。水流无影，华落如烟。掇拾群芳，商量一编。维癸丑之春，是为白阳诞生之年。"

李叔同主编《白阳》期间，来稿主要是向本校师生征集。校长经亨颐题词"美意延年"，教员夏丏尊翻译小说《写真贴》，学生邱白梅写《写生日记》，学生吴梦非写《人体画法》，学生李鸿梁写《音乐大家像》《绘画大家像》。另有邱白梅、吴梦非、李鸿梁的画稿。

如来稿数量不足以成卷，则由李叔同以自己的作品填充，有散文《音乐序》（即东京创办之《音乐小杂志序》）、《西湖夜游记》，填词《喝

火令》，文学论文《近世欧洲文学之概观》，音乐论文《西洋乐器种类概说》，美术论文《石膏模型用法》，三部合唱曲《春游》。

其中，《近世欧洲文学之概观》（简称《概观》）是一部最早出现的由中国人撰写的近代欧洲文学史。遗憾的是，目前只能看到第一章《英吉利文学》，其他内容均已散失。李叔同在《概观》开头以小引式的文字，简要介绍了几种文学思潮，对中国人来说，是一种闻所未闻的新鲜知识——

> 中世古典派文学（Classic）瑰伟卓绝，磅礴大宇，及十八世纪初期，其势力犹不少衰。操觚簪笔家佥据是为典则。其后承法兰西革命影响，而热烈真挚之诗风，乃发展为文艺界一大新思潮，即传奇派（Romantic）。迨至十九世纪，基于自己之进步，现实观之发达，乃更尚精致之描写，及确实之诗材，而写实主义与自然主义遂现于十九世纪后半期。及夫末叶，反动力之新理想派，乃萌芽于欧洲。

第一章则按历史顺序评述了自 18 世纪末至 20 世纪初 30 多位英国作家的创作及其特征，言简意赅，精准到位——

　　当十八世纪之末叶，冷索单调之诗文，浸即衰废。研究古诗民谣者日益众，故其文学富于清新之趣。至一七九八年 W. Wordsworth【华兹华斯（中文译名为著作所加，下同）】与 S. T. Coleridge【柯勒律治】合著之《抒情诗集》乃现于世。两氏倡诗文之革新，为真挚文学之先驱，世称为近世诗学之祖，又谓一七九八年为英吉利文学诞生之年。W. Wordsworth【华兹华斯】（1770-1850）之作品不炫奇异，然清新高远，热情奔放为其特长。S. T. Coleridge【柯勒律治】（1772-1834）学问深邃，思想幽渺，且具锐利之批评眼，其作品以格调之真挚、押韵之自由为世所叹赏，门人友戚受彼之感化者甚众。

谈到雪莱、济慈、狄更斯等人，李叔同评价独到——

　　Percy Bysshe Shelley【珀西·比希·雪莱】（1792-1822）亦因教权之压抑，避居南欧，为薄命理想之诗人。其作品幽婉高妙，且示神秘之倾向。

　　承大革命影响之诗风，止于 Shelley【雪莱】。其时又有以卓绝之才识开辟一新诗风者，即 John Keats【约翰·济慈】（1795-1821）是。Keats【济慈】氏所著之诗，凡古典之精神及绚烂之色彩，两者兼备。故外形内容皆纯洁完美，无毫发憾。

本世纪之小说界，Scott【司各特】颇负盛名，至Victoria【维多利亚】时代，Charles Dickens【查尔斯·狄更斯】（1812－1870）及william Makepeace Thackeray【威廉·梅克比斯·萨克雷】（1811－1863）两大家出，前者善描写市街之光景及下民之状态，后者善以轻妙之语调描写上流绅士社会之表里，共于小说界放一异彩。

李叔同文章中提到戏剧名家有——

十九世纪剧坛名家，以Pinero【皮内罗】（1855）、Henry【亨利】、Arthur Johns【阿瑟·约翰斯】（1851）、Shaw【肖】（1856）等最负盛名。

李叔同所作《概观》，从篇章结构到行文方式和语言表达，完全是后来常见的文学史的写法。李叔同之所以视野开阔，见解独到，与其在日本留学期间，大量阅读日本版或英文版的西方文学著作有关。他的这种见解，比中国研究西方文学史的专家，提前了将近二十年，他是这一领域早期的拓荒者。而他能用简洁精准的语言，概括作家的特征和文学地位，与其写诗有关。诗歌对语言的要求很高，考验的是作者语言提纯的能力，这对李叔同来说，早在青年时期就已具备。

六、出家前的"盛宴"

在李叔同的感召下，浙一师全校上下学习美术音乐，诗书画印蔚然成风。1914年11月，李叔同委托学生邱白梅创办乐石社，该社为研究书法篆刻的艺术团体。社员有：李叔同、经亨颐、夏丏尊、堵申甫、费龙丁、周承德、柳亚子、楼启鸿、杨凤楼等二十五人。组织架构为：主任李叔同，会计杨子歧，书记邱白梅，庶务杜成丹、戚继同、陈达夫、翁慕甸（读 táo）。

乐石社多次举行活动，并且精选佳作出版作品集。1915年7月，李叔同在编辑《乐石社社友小传》时，写过一篇《乐石社记》，大意为：

> 追怀古代的先圣，自天地开辟后大有作为。创造写字的
> 六书，以供给世人应用。后代贤人继承前人的事业，依附在

艺术的园地。金石雕刻，实在是以缪篆为祖师。上起秦汉，下到珠申文质兼备，将近两千年。可称得上繁盛。世道衰微，读书人不乐意学习。一种艺术的基本章法，还要求助于日本。兽蹄鸟迹，到处都是。毁方为圆，引进蛮夷（洋人）的思想来改变中国。等到典范的东西都沦丧完，大概就没有人讥笑了。

我很愚笨，少年时沉迷不良嗜好。烦恼犹存，但往日的情谊没有忘记。以前因为人事的原因，寄居在杭州，混迹在师校。同学邱白梅，年少英发。既痴迷书法，更嗜好印文。校对查证秦汉古字，专心爱古。于是约集同人，成立这个乐石社。树立风气，以喜好金石为号召。相互研讨勉励，开始仅限于校友。以后阵容壮大，从他人那里取得教益。志同道合，志趣和性格投合。自冬天到春天，规模渐渐完备。又借用旧日宫室，作为我们的社址。而西泠印社诸位先生，刚直进步。不弃菲菲，从各方面帮助。乐于看到别人成功，这很让人感叹。

我懂的道理不多，见识愚钝，文采没有底蕴。如同前鱼老马，尸位多年。想到雕虫篆刻，大丈夫不屑于做这样的小事。而正道废弃外敌入侵，贤人感到羞耻。又赶上癫狂衰败的时代，结交困苦寂寞的伴侣。足音空谷，又如同幽深的草丛清凉的美玉。纵然不敢讲自己依附于国粹之林中，或许比下棋要好一些。于是陈述梗概，以备他人阅览。

这篇序表达了李叔同创办乐石社的初衷是为了倡导传统艺术，这再一次体现了他毕生所追求的国粹主义。1917 年，乐石社更名为寄社，潘天寿、丰子恺等积极参加活动。李叔同逐步淡出，秘密地为出家做准备了。

西泠印社创建于 1904 年，是中国成立最早的著名印学社团，发起人为丁辅之、叶为铭、王福厂、吴昌硕。位于杭州孤山，因近西泠桥而得名，西泠桥是由孤山入北山的必经之路。

李叔同因乐石社与西泠印社结缘，他的篆刻艺术得到西泠印社方赏识。1914 年 11 月，李叔同发起成立乐石社后，曾到西泠印社拜访创始人叶为铭。承蒙叶为铭支持，李叔同率乐石社成员到西泠印社免费参观金石书画展览，并得到叶为铭所赠《西泠印社印人传》和《印学丛书》等。1915 年 9 月 3 日，李叔同向叶为铭递交申请书，希望加盟西泠印社，并附赠其所编《乐石社社友小传》和《乐石第七集》，请叶为铭指正。

叶为铭（1866—1948），又名叶品三、叶舟，著名篆刻家。叶为铭除了在金石篆刻方面提携李叔同外，还是他出家的祝缘者。1916 年底，

西泠印社"印藏"李叔同出家前
所赠金石作品之题照

李叔同决定进行断食实验，需要找一处幽静的场所。当时征求叶为铭的意见，叶为铭推荐虎跑寺。李叔同问道，到虎跑寺，总要有人介绍才对，有没有合适的人选？叶为铭想起西泠印社创始人之一的丁辅之，于是对李叔同说，丁辅之是虎跑寺的大护法，可以请他说一说。丁辅之收到叶为铭的信后，将澹（读 dàn）和尚引见给李叔同，这才有了后面的断食体验。

1918 年 6 月，李叔同入山修道前，将历年所作印章（包括藏印）赠与西泠印社，由西泠印社同人用古人诗冢书藏之意立碑封存。叶为铭题写碑文云：

同社李叔同君祝发入山，出其印章移储社中。同人借"诗冢"、"书藏"遗意，凿壁庋藏，庶与湖山并永云尔。戊午夏叶舟识。

不同版本李叔同（弘一大师）传记记载，李叔同出家后诸艺皆废，后半生唯有书法相伴。其实不然。李叔同在 42 岁时所作赠夏丏尊篆刻题跋中说：

> 十数年来，久疏雕技。今老矣，离俗披剃，勤修梵竹，宁复多暇，耽玩于斯。顷以幻缘，假立亚名，及以别字，手制数印，以志庆喜。后之学者，览兹残砾，将勿笑其结习未忘耶？

由此可见，治印、赏印、论印是弘一大师终其一生的爱好。据统计，弘一大师出家之后印作共 41 方（注：印 39 钮，其中两面印工钮）。其中，有款者 28 钮，以 1919 年之"弘一入山一年"为最早，有数方是刻佛像的。这些印不追求艺术表现，仅求庄严肃穆之氛围。

文涛长寿、弘一、佛造像、南无阿弥陀佛四印，为李叔同不同时期的代表作。李叔同也因此进入近代篆刻大家之列，而这一技艺，他的两位老师徐耀庭和唐静岩功不可没。李叔同每一次耀眼的艺术之光，都离不开他学生时代打下的根基，而遇到名师最为重要。

七、玉石遇到名匠

　　看某个人的人格魅力是否高尚，首先要看周围的人对他的态度。
李叔同桃李满天下，各式各类的学生都有，他对学生总是提供力所能及
的帮助，学生们对他非常尊敬。在这些学生当中，有三位学生天赋极高，
性格鲜明，深得其心。他们上学时，曾不同程度接受过李叔同的帮助，
当他们踏入社会后，以一颗感恩之心，报答老师的恩情。刘质平视李叔
同为父，用其微薄的工资供养老师后半生。丰子恺为了兑现对老师的诺
言，穷尽毕生精力，完成《护生画集》。李鸿梁一有时间，就去看望老
师，为其送衣送物。人以群分，物以类聚，什么样的老师，教出什么样
的学生。诚实守信、知恩图报、忠义厚道，是师生骨子里共有的特征，
这不需要言传，身体力行即是榜样。

（一）刘质平的诚

1911年夏天，刘质平考入杭州浙江两级师范学堂初师部，转年8月李叔同到该校任教。这年冬天，刘质平拿着音乐处女作请李叔同指正。李叔同看完后表情肃穆地说，今晚八点三十五分，请到音乐教室，我有话讲，你可以回去了。刘质平感到困惑，但并没有多问，只等着晚上一探究竟。

杭州的冬天，少见的大雪被风卷起，把校园刷成白色。刘质平踏着夜色，如约来到教室，在门外站着，等李先生到来。过了十多分钟，教室里的灯忽然亮了，门"吱呀"一声地被人推开。李先生还是那副严肃的表情，淡淡地说道，你准时赶到饱尝了风雪的寒冷，现在可以回去了。刘质平沉默良久，忽然明白，李先生在考察自己。

李叔同一生信奉两个字：一个是"诚"字，一个是"信"字。他做事、交友、授业也遵守这两个字。李叔同时间观念很强，厌恶不守时之人。刘质平的态度打动了李叔同，至此师生二人结下一生的情谊。

李叔同每周为刘质平额外补习乐理、钢琴一小时，介绍刘质平跟随旅杭美籍钢琴家鲍乃夫人学习钢琴。经过四年的精心栽培，刘质平于1916年夏毕业后到日本备考，为转年考取东京音乐学校做准备（李叔同当年也是提前一年到日本备考）。

李叔同想起当年的求学经历，中国留学生常因学业差被日本学生嘲笑，故写信嘱咐刘质平，告诉他要坚守六条原则：一、宜重卫生，避免中途辍学。二、宜慎出场演奏，免人之嫉妒。三、宜慎交游，免生无谓之是非。四、勿躐等急进，循序而行才是正道。五、勿心浮气躁。六、宜信仰宗教，求精神上之安乐。这些信如拂尘般，掸去了客居异乡的刘质平心灵上的灰尘。

1917 年 9 月，刘质平如愿考取东京音乐学校，专修钢琴、音乐理论。但入学不久，因家境贫寒无力支付学费，陷入窘境。无奈之下，刘质平写信向李叔同诉苦。他说道：我辜负了恩师的期望，没脸回国，现在想到的唯一路径，除了死之外，好像别无选择。李叔同见信后心急如焚，为他申请过官费，但没有成功。又找旧友借钱，没有回音。这对师生体会到的世态炎凉深入骨髓，但李叔同不忍让学生荒废学业，毅然解囊相助，提议按月从薪金中拨出二十元寄交，维持至刘质平毕业为止，并给刘质平立下规矩：

一、此款系以我辈之交谊，赠君用之，并非借贷与君，因不佞向不喜与人通借贷也。故此款君受之，将来不必偿还。

二、赠款事只有吾二人知，不可与第三人谈及。家族如追问，可云有人如此而已，万不可提出姓名。

　　三、赠款期限，以君之家族不给学费时起，至毕业时止。但如有前述之变故，则不能赠款（如减薪水太多，则赠款亦须减少）。

　　四、君须听从不佞之意见，不可违背。不佞并无他意，但愿君按部就班用功，无太过不及。注意卫生，俾可学成有获，不致半途中止也……

1917 年冬天，李叔同写信告诉刘质平，自己的收入情况和打算：

　　不佞每月收入薪水百零五元。出款：上海家用四十元，年节另加。天津家用二十五元。自己食物十元，自己零用五元，自己应酬费买物添衣费五元。如此正确计算，严守之数，不再多费，每月可余二十元，此二十元即可以作君学费用。将来不佞之薪水，大约有减无增，但再

李叔同的学生刘质平

减去五元，仍无大妨碍，自己用之款内，可以再加节省，如

再多减，则觉困难矣。

又不佞家无恒产，专持薪水养家，如犯大病不能任职，

或由学校辞职或因时局不能发薪水，倘有此种变故，即无法

可设也。

在当时来说，李叔同每月一百零五元的薪水不算少，但他要同时兼顾两个家庭，分摊下来就没剩多少了。加之他的肺病越来越严重，要买药治疗，钱更所剩无几。就是在这种情况下，他还是每月拿出二十元资助刘质平，可见他自己的生活需求有多低。刘质平说，先师与余，名为师生，情深父子。此为见证。

从这份信中也得知，当时正值军阀混战，时局不稳，学校随时面临关闭，作为老师的李叔同生计也成问题。还有上海、天津两个家等着他养活，他的压力是常人的几倍。他也许会怀念曾经衣食无忧的富贵生活，而生活让他回到现实，心情郁郁也在情理之中。

1918 年春，多种机缘成熟，李叔同抛弃世事，免除一切烦恼，准备出家。但他念念不忘刘质平的学业，为了让其安心求学，李叔同再次找朋友借钱。他在给刘质平的信中写道：

君所需至毕业为止之学费，约日金千余元，顷已设法借华金千元，以供此费。余虽修道念切，然决不忍置君事于度外，此款倘可借到，余再入山。如不能借到，余仍就职君毕业时止。君以后可以安心求学，勿再过虑，至要至要！

李叔同坚持的那个"信"字，他从未食言，帮刘质平渡过难关，在东京音乐学校继续深造。李叔同于刘质平的师恩，浙一师校长经亨颐曾说，刘质平习于斯五年，音乐具凤睿，上人尽授之。今以斯立于世，上人之赐也。对于恩师，刘质平也一生坚守那个"信"字。

1920年8月，弘一大师云游温州庆福寺，发现这是个风景殊胜，环境幽静，适合闭关修道的场所，只是寮舍破日，急需修整，就写信给刘质平，要求布施。弘一大师并非无故索取，而是通过这种方式为刘质平谋求福报。佛经上说，如果菩萨布施时，更够回向无上菩提，救度十方一切众生。那样虽然布施不多，但所获得的福报就会无边。

弘一大师在信中与刘质平约定：如刘质平亡于自己前，由弘一大师诵念《大方广佛华严经》百遍为之超度；如弘一大师生西于刘质平前，则由刘质平料理后事。

自弘一大师出家二十多年间，刘质平承担了恩师的供养。弘一大师出家后多次患病，差不多每次刘质平都陪伴左右。

第一次是1931年4月2日，弘一大师在上虞法界寺染患伤寒痢疾，滴水不进，几度昏迷。刘质平闻讯赶来侍奉，又托人带药物补品。4月29日，宁波白衣寺安心头陀，跪请痛哭，请弘一大师到西安弘法。弘一大师被其诚意打动，带病前往。5月2日，刘质平唯恐恩师不胜长途跋涉，尾随赶赴码头劝阻，从甬轮三楼找到恩师，苦口婆心劝说。弘一大师言出必行，在苦劝无果的情况下，刘质平擅作主张，背起恩师返岸，避免了一次危险旅行。师生抱头痛哭，这幅感人的画面，永久地定格在那一年的夏天。

这次大病中，李叔同在省立四中预立遗嘱交付给刘质平：

> 余命终后，凡追悼会、建塔及其他纪念之事，皆不可做。因此种事与余无益，反失福也。倘欲做一事业与余为纪念者，乞将《四分律比丘戒相表记》印两千册。以一千册交佛学书局（闸北新民路国庆路口，即居士林旁）流通，每册经手流通费五分，此资即赠与书局。请书局于《半月刊》中登广告。以五百册赠与上海北四川路的内山书店存储，以后赠与日本

诸居士。以五百册分赠同人。

　　此书印资，请质平居士募集，并作跋语附印书后，仍由
中华书局石印（乞与印刷主任徐曜居士接洽，一切照前式，
唯装订改良）。此书原稿，存在穆藕初居士处。乞托徐曜往借。
此书系为余出家以后最大之著作，故宜流通以为纪念也。

第二次是 1942 年 10 月 8 日，弘一大师在泉州温陵养老院急衰病。
弘一大师感觉气力渐衰，自知将要往生，自觉慧业有成，理当迁化，遂
不顾刘质平写信苦劝，坚持谢绝医药，决心往生。且预知迁化日。

　　弘一大师书写遗书别赋二偈与刘质平诀别：

　　　　君子之交，其淡如水。执象而求，咫尺千里。

　　　　问余何适，廓尔亡言。华枝春满，天心月圆。

10 月 13 日，弘一大师临终前手书"悲欣交集"四字后生西。结束
了与刘质平尘世间的往来，而刘质平在其有生之年，依然信守承诺，为
恩师做了很多事。

　　弘一大师出家后，刘质平经常探望，得到大师书画若干。1932 年

初夏，弘一大师在浙江镇海伏龙寺，刘质平前后侍奉一个多月。他每天起早，把砚池用清水洗净，轻轻磨墨两小时，备足一天所需的新鲜墨汁，书写一批精品墨宝。

弘一大师对刘质平说，从来艺术家的名作，每于兴趣横溢之时，在无意中作成。凡文章、诗歌、字画、乐曲、剧本，都是如此。这样的金玉良言，对于从事音乐教育的刘质平来说，又何尝不是艺术上的开悟呢？

当刘质平辞别弘一大师时，大师对他说："我自入山以来，承你供养，从不间断，我知你教书以来，没有积蓄，这批字件，将来信佛居士中，必有有缘人出资收藏，你亦可将此款作养老及子女留学费用。"

这批墨宝中，计有屏条 10 幅、中堂 10 轴、对联 30 副、横批 3 条、册页 198 张。而事实上，弘一大师还为刘质平画了许多画。刘质平成为收藏弘一大师墨宝最多最全的人。为了保存这批墨宝，刘质平历经艰辛，甚至将生命也置之度外。

刘质平一次在逃难途中忽遇大雨，为了保全恩师遗墨，他解开衣服，把身体伏在存放书画的箱子上。大雨下了半个小时，墨宝无损，但刘质平却得了严重的风寒，几乎一命呜呼。

从 1915 年起，刘质平就把弘一大师的书信、各种文件、片纸只字乃至残稿，都视为珍宝收藏。他将它们精心装裱，特制了十二口樟木箱、藤箱。在六十余年中，虽历经动乱与贫困，刘质平从未与李叔同的遗墨分离过。

抗战期间，刘家一切财物均毁于日寇炮火，而恩师遗墨却始终随身携带。日本书法界委托内山完造与刘质平接洽，要求重金征购弘一大师书件，携回日本影印出版，供各大学作书法教材。刘质平拒绝道，本人只有保存之义务，没有变卖之权利！几经交谈，未出一纸一字。

1914 年以后，刘质平从海宁老家运出字件，借上海宁波同乡会礼堂举行"李叔同书法展览"，参观者络绎不绝，精品《佛说阿弥陀佛经》与《华严集联三百》更被书法界视为珍宝。

孔祥熙曾找到刘质平，愿以五百两黄金收购《佛说阿弥陀佛经》十六幅，再以高价卖给美国博物馆。刘质平质问道，中国的文物为何要保存到美国的博物馆？孔祥熙理屈词穷，无以应答。后一菲律宾籍华侨找到刘质平，愿出二百万元，在福州创办"叔同艺术学院"，招收海外华侨子弟，回闽学习祖国艺术，另出资数万元刊印《李叔同书法作品集》，唯一的条件是，得到李叔同书法精品，刘质平没有答应。

刘质平曾说，我受先师几十年艺术教育的深恩，意志坚定，认识清楚，应取的分文必取，不应得的，巨万不收，宁愿穷死、饿死，不做

我国艺术界一个败类。

文化大革命期间，刘质平遭受冲击。为了保存弘一大师遗墨，72
岁的刘质平对造反派凛然说道，生命虽小，遗墨事大！我国有七亿人口，
死我一人，不过丢掉黄河一粒砂尘，而李叔同遗墨却是国家艺术至宝，
若有闪失，将无法复原。

1978年10月24日，刘质平在上海病逝。一年之后，山东艺术学
院党委通知刘雪阳（刘质平长子），其父刘质平"右派"问题经复查，
是错案，决定予以改正。

（二）丰子恺的真

丰子恺所著《缘缘堂随笔》，有一篇叫《菊林》的小文。文中讲道，
丰子恺读小学时的学堂，设在市梢的西竺庵里。他每天上课，必须走进
山门，通过大殿，因此与和尚们天天见面……这或许是他后来成为弘一
大师的学生种下的因果吧。课下丰子恺与同学们高唱《祖国歌》，抵制
日货、抵制美货、劝用国货，那时他还没有完全理解歌词的意思，更不
会想到，多年以后竟与这首歌的作者成为师生。一切皆为因缘。

1914年，丰子恺考入浙一师初师部，当他从师兄刘质平处得知教
授图画、音乐的老师李叔同，就是《祖国歌》的作者时，不由得充满敬
意。那时的李先生褪去翩翩世家公子的光环，一身布衣打扮，潜心教书

育人，他对学生言传身教的教育方式颇为独特。

一年级时，李叔同教丰子恺音乐课。第一堂课时，摇过预备铃，学生们走向音乐教室，推门进去大吃一惊：只见李叔同早已端坐在讲台上。正在嘈杂的同学见状，忽然闭嘴，低着头红着脸，端坐在自己的座位上，抬起头注视着李先生。李先生高高瘦瘦的上半身穿着整洁的黑布马褂，露出在讲桌上，宽广得可以走马的前额，细长的凤眼，隆正的鼻梁，形成威严的表情。平而阔的嘴唇两端常有深涡，显和蔼的表情。这副相貌，用"温而厉"三个字来描写，大概差不多了。

上下移动的黑板上，早已写好本课的要点。上课铃准时响起，李叔同起身，向学生们深鞠一躬后，开始讲课。一位学生看闲书，另外一位随地吐痰，李叔同视而不见。下课后，李叔同留下这两名学生。他用轻而严肃的声音，对看闲书的学生说，下次上课时不要看别的书。又对吐痰的学生说，下次不要在地上吐痰。之后向二人深鞠一躬后说，你们可以走了。两名学生面红耳赤，对李叔同温而厉的教育方式深有体会。

一次音乐课下课，最后出去的学生使劲关门，发出很大的噪音。李叔同叫住那名学生，请他回到教室。之后李叔同说，下次走出教室，要轻轻地关门，不要用太大的力气。说罢深鞠一躬，送其出门，自己轻轻地把门关好。

一次正在上钢琴课，某名学生放屁一个，奇臭无比。在场师生被臭气笼罩，有的学生捂着鼻子，斥责放屁之人。李叔同眉头一皱，继续教大家弹琴。下课后，李叔同站到讲台，严肃地对学生们说，请大家等一等再出去，我有话说，以后诸君放屁，就到门外去，不要放在室内。接着又深鞠一躬。李叔同并未点名，或许是照顾到某君的面子吧。

于弹琴而言，丰子恺最害怕的是回课（注：老师在这节课检查上节课的内容），每每紧张得不成样子，手指不听使唤。李叔同站在他旁边纠正："手指用错了，再来一遍！"又说："键盘按错了，再来一遍！"一番手忙脚乱之后，李叔同说，你回去吧，下次我还会检查。丰子恺闻之惴惴，担心天赋不够，被李先生抛弃。晚上，刘质平对丰子恺说，李先生跟我谈起你，说你学习态度非常认真，这对做事业非常关键。今天早晨你尽管没通过，是因为第一次太紧张的缘故，李先生并没有嫌弃你，还说要将你收为音乐入门弟子。丰子恺如释重负，对李叔同和音乐有了更深刻的理解。

李叔同的教学态度感染了学生，因此上音乐课，大家都一丝不苟、严肃认真。当时的学校，英文、国文和算学最重要，授课教师的地位也很高。但在浙一师，因李叔同的缘故，音乐、图画教师最有权威。

丰子恺上二年级时，图画课由李叔同教，先教木炭石膏模型写生。

同学们之前习惯于临摹，第一次用木炭写生，全场四十多人中，竟没有一个人画得像样的。李叔同为大家做示范，画完后，把范画贴在黑板上。多数同学看着黑板临摹，只有丰子恺和少数几名学生，按照李叔同的方法，直接从石膏模型写生。李叔同注意到丰子恺的天赋，开始对他关注。

李叔同的学生丰子恺

后来丰子恺被任命为班长，常到李叔同的住所报告请示。有一次李叔同对丰子恺说，你的图画进步很快，我在南京和杭州两处授课，没见过像你这样进步快速的学生，你以后可以把图画当成毕生的职业。这几句勉励的话，对丰子恺影响极大，他打定主意，专门学画，把毕生献给所钟爱的艺术。

当时的浙一师学制，预科一年，本科四年，共五年，实行军事化管理，校规非常严格。和丰子恺同时考入浙一师预科新生共 80 余人，分甲、乙两班，丰子恺编名在甲班。此时一师约有学生四五百人，分十班。一师的学生管理分三个部分：一是教室，教室在授课时，学生到指定的教室听课，课后即离去；二是自修室，学生从早到晚大部分时间在自修室，

自修室的分配不按学生年级班次，而是混合编排的，每一自修室共24人，两人用一个桌子，两桌相对，四人为一团，自预科至四年级的各级学生都有；三是寝室，寝室在自修室的楼上，每间寝室可住18人，同年级同自修室的学生，一般不同寝室。寝室只是学生们睡觉的地方，每晚九点半开总门，十点钟熄灯。早晨六点钟寝室总长吹起床警笛，七点钟锁闭总门。

时有教导主任杨某对学生态度粗暴，学生们普遍感到反感。丰子恺感到极不适应，对校方及监管的舍监也是抱怨不断。他曾在《寄宿生活的回忆》中说：

寄宿生活给我的印象，犹如把数百只猴子关闭在一个大笼子中，而使之一起饮食，一起起卧。小猴子们怎不闹出种种可笑的把戏来呢？

当身处其中，只觉得可悲与可怕。我初入学校，曾经一两个月的不快与悲哀。我不惯于这笼中的猴子的生活，而眷恋我的庭帏。

数百学生，每晚像羊群一般地被驱逐到楼上的寝室内，强迫他们同时睡觉。每晨又强迫他们同时起身，一齐驱逐到

楼下的自修室中。月明之夜，倘在校庭多流连了一会，至少
须得暗中摸索就寝。甚或蒙舍监的谴责，被视为学校中的违
法行为。

严冬之晨，倘在被窝里多流连了一会，就得牺牲早饭。
或被锁闭在寝室总门内。照这制度的要求，学生须同畜生一样，
每天一律放牧，一律归牢，不准一只离群而独步。那宿舍的
模样，就同动物园一般。

一次杨某的言辞激怒了丰子恺，丰子恺年轻气盛，二人动手打了
起来。教导主任杨某不是丰子恺的对手，挨打后恼羞成怒，要求校方必
须严惩丰子恺。

校方开会讨论，杨某称，师者传道授业，不是由学生打的，此事
影响恶劣，必须上报省教育厅，开除丰子恺学籍。会议室陷入沉寂。十
多分钟后，李叔同站起来说：学生打先生，是学生不好，但先生也有责
任——没教育好。考虑到丰子恺平日遵守校纪无大错，如开除似太重。
而且丰是个人才，将来必大有前途，如开除则毁了他的前途，对国家是
一损失。我意此番记一大过，我带他一道向主任赔礼道歉，不知大家是
否同意？

　　此时会场上一片同意声。在人生的关键时刻，李叔同拉了丰子恺
一把，否则他真的就被学校开除了，中国近代也不会出现一位伟大的漫
画家和散文家了。

　　事后，李叔同将丰子恺等几位同学叫到住所，打开《人谱》一书，
念了一段：唐初，王勃、杨炯、卢照邻、骆宾王皆以文章有盛名。人皆
期许其贵显。裴行俭说，读书人的堪当重任，应当首先在于度量见识而
后才是才艺。王勃等虽有文才，而气质浮躁浅露，哪里是享受爵位俸禄
的材料！

　　书的封面，有李叔同手书"身体力行"四字，每个字旁边都画了红圈。
李叔同说，《人谱》中的这一条，是从《唐书·裴行俭传》中节录出来
的。我想告诉你们，从事艺术工作，首先要道德高尚，人格伟大。做一
名好的艺术家，首先要先做好人，否则只是徒有虚名罢了。这番话被丰
子恺铭记在心。李叔同出家前，将这本书送给丰子恺，每当遇到不惑，
他便拿出翻阅。

　　传授图画、音乐之余，李叔同教丰子恺学习日语。一天李叔同把
丰子恺叫到住所，对他说，最近日本画坛非常热闹，他们注意兼收并蓄，
从而创作出具有本民族特色的崭新风格。这种经验值得我们借鉴。你今
后应该多读些日本的艺术理论书籍，最好读原文，我教你日语如何？丰

子恺当然是无条件同意。

这段经历对丰子恺极为重要，之后他到日本游历，深入了解日本文化，为晚年翻译日本著作做了知识与视野上的储备。晚年的丰子恺主要精力放在日本小说的翻译上，他翻译了《落洼物语》《竹取物语》和《伊氏物语》等几部日本古代文学作品，还重新翻译了夏目漱石的《旅宿》（日本名《草枕》）。

于身世而言，丰子恺与恩师李叔同经历相似，丰子恺八岁丧父，母亲含辛茹苦将其抚养成人。于艺术而言，丰子恺一生献给艺术，李叔同亦如是，所不同的是，李叔同出家后弘扬佛法，但还以书法结缘。丰子恺也是现代文学艺术史上少有的全才，几乎涉猎各个领域，金石书画、诗词文章、音乐、书法，包括建筑、摄影均有研究，且成果非凡。在 20 世纪二三十年代，就以画家、散文家、书法家、文艺评论家、艺术教育家和翻译家闻名于世。

丰子恺倾心艺术，轻视政治纷争，不满虚伪贪婪、复杂世故的社会。他于内心保留着率真的本色，对人生抱有温和善意的真性情，他无视他人而已的诽谤，以超凡脱俗的心态，活出一个真实的自我。在《暂时脱离尘世》一文中，丰子恺说，我所喜爱的诗，不是鼓吹世俗人情的东西，是放弃俗念，使心地暂时脱离尘世的诗。

早在几十年前，他的恩师李叔同就在《辛丑北征泪墨》中说过这样的话：世人总是好作感伤时事之诗文，我一向不喜欢。由此可见，师生之间的精神气韵和美学追求，是一脉相承的。

丰子恺的《漫画的描法》于 1943 年 8 月由开明书店出版。他给漫画下的定义是"简笔而注重意义的一种绘画"。书中说，漫画家必须具备两大素质：一是思想，二是技艺。强调学习漫画，必先学思想，其次学技艺。丰子恺将创作分为拈题、选材、构图、着墨几个过程。将漫画分为写实法、比喻法、夸张法、假象法、点睛法、象征法。他的这些观点的源头，出自其师李叔同。

李叔同没有想到的是，他出家那年（1918 年），他的这位学生曾写过三首词，这三首词作反映了丰子恺无力挽回恩师出家的局面而产生的暗淡心境。

一、满宫花

获花洲，斜阳道。一片凄凉秋早。异乡风物故乡心，镇日频相萦绕。桐叶落，杨枝袅。作弄闲愁闲恼。秋来春去怅浮生，如此年华易老。

二、减兰

他乡做客，每到春来愁如织。他乡作客，每到春来愁如织。怕上层楼，柳暗花明处处愁。

伤心春色，独自垂帘长寂寂。多事黄莺，白啭高枝梦不成。

三、西江月

百尺游戏莫系，千行涕泪难留。艳红姹紫无消息，赢得是新愁。故乡音书寂寂，客中岁月悠悠。春归人自不归去，尽日下帘钩。

1927 年，弘一大师云游到上海，住在江湾丰子恺家，朝夕相伴中，丰子恺有意皈依佛门。在弘一大师主持下，丰子恺于生日那天（11 月 9 日）正式皈依佛门，大师为其取名婴行。

当时丰子恺正想给住所取个名字，便请求恩师赐名。弘一大师含笑和学生玩了一个"游戏"。他让丰子恺在几张小纸条上，写几个自己最喜爱的字，让它们自由组合，然后把纸条揉成团，撒在释迦牟尼画像前的供桌上。抓了两次阄，拆开来都是"缘"字，于是取名"缘缘堂"。

在此前一年，丰子恺与弘一大师有两个约定：一是由丰子恺和吴梦痕编选的《中文名歌五十曲》，收录的曲目由大师亲自审阅；二是编绘《护生画集》，由弘一大师撰写文字，丰子恺绘画。

1942 年，弘一大师在泉州圆寂，丰子恺正避难遵义。得此噩耗，丰子恺并没有哭，而是在窗下静默了几十分钟才说，我敬爱弘一大师，我希望他在这世间久住，但我确定弘一大师必有死的一日。因为他是人，不过死的迟早不得而知。我时时刻刻防他死，同时时刻刻防我自己死一样。他的死是我意中之事，并不出意料之外。所以我接到他死的电告并不惊惶，并不恸哭。老实说我的惊慌与恸哭，在确定他必有死的一日之前早已在心中默默地做过了。

丰子恺在诗中缅怀恩师

到重庆后，丰子恺为弘一大师画像100 幅，分送各地信众，勒石立碑，以垂永久。又写《为青年说弘一大师》一文以示纪念。弘一大师虽然生西，但丰子恺履行诺言，继续作护生画集，为大师祝整寿。中华人民共和国成立前夕，他在厦门画了 70 幅，专程送往香港请叶恭绰题字，出版《护生画集》第三集。

1960 年，在弘一大师弟子妙莲大师的帮助下，在新加坡出版了第四集，字画各 80 幅。

"文革"期间，丰子恺在去世前的两年，秘密完成第六集的 100 幅字画及文字说明，圆满完成六集《护生画集》。1979 年弘一大师 100 岁冥寿之际，在广洽大师的协助下，《护生画集》第六集由香港时代图书有限公司刊印发行，此时丰子恺已经离世四年多。

丰子恺一生最崇拜的人是弘一大师。他说，我崇仰弘一大师，是因为他是十分像人的一个人。这是一位大师向另一位大师致敬的誓言，也是两代人利益众生的功德。

（三）李鸿梁的憨

李鸿梁是李叔同众多学生中比较特别的一个，他生性憨直，胸无城府。就是这样一位学生，各项成绩优秀，很受老师器重。李叔同常对人讲，鸿梁最像我。对待李鸿梁这样的

弘一大师造像，丰子恺绘

"异数"，李叔同采取的还是一贯温而厉的教育方式。

一次上写生课，李鸿梁没注意到李叔同正在后面为同学改画。他走到石膏模型前，看上面的说明卡，挡住了李叔同的视线。李叔同大声说，请走开！这伤害了李鸿梁的自尊心，他回到座位上，把画板故意敲得很响以示不满，然后走出画室。

午饭过后，校工闻玉递给李鸿梁一张纸条，并对他说，李先生请你去。李鸿梁心说，不好，李先生小心眼，因为上午的事，要找自己算账。他心中忐忑不安，但还是硬着头皮去了。到了李叔同住所，正好夏丏尊也在。见李鸿梁进来，李叔同轻轻低声问他，你上午有点不舒服吗？下次不舒服请假好了。说完把门拉开又说，你去吧，没别的事了。以后的几天里，李鸿梁不敢和李叔同讲话，他有种羞愧但又不知道该如何表达的感觉。

不久李鸿梁又犯错了。他从图画教室出来，以为李叔同没在，就直呼其名地喊，李叔同到哪里去了？没想到李叔同就在隔壁，闻讯后出来应答，哪位找我，有什么事？李鸿梁见势不妙，逃之夭夭。

李鸿梁后来回忆道，你说李先生严厉吧，他倒是挺客气的。你说他客气吧，有时候却不大好讲话。虽然他面目慈祥，但总给人感觉不怒自威。不单是我们学生，就连同事都对他充满敬畏。

1915 年夏，李鸿梁毕业，面临职业选择。李叔同正准备携福基到日本洗温泉。他深知这位学生的性格特点，临行前给李鸿梁写了封信，告诫他处事不要一根筋，要懂得变通。信中附带八个字：拔剑砍地，投石冲天。意思则是相反，让李鸿梁遇事三思而后行，砍地是无用的，投石只能砸自己。言外之意是：木秀于林，风必摧之。锋芒毕露的人，很容易遭到他人非议和敌视。要学会保护自己，做到韬光养晦。

从日本回国前，李叔同在电报中告诉李鸿梁，要他到南京高师接替自己代课。李鸿梁刚毕业，毫无教学经验，加之又要到外地工作，一时拿不定主意。李叔同回国后，发现李鸿梁兴致不高，对其进行心理辅导，并详细介绍了工作地点的情况，做了周到的安排。李叔同交给李鸿梁一串钥匙，并对他说，教室与职工宿舍离得很远，每天早晨必须把自己的表与钟楼的大钟对准，铃声有时听不清楚。如果有事外出，就叫黄包车回校，一定要和车夫说明拉到教员宿舍，因为头门离教员宿舍还有一段距离。吃饭时要记住，每人两双筷子，两只调羹，如果觉得不方便，可以让厨房把饭单独送到房间。管理房间的工友叫××，必须要多加留意……

从以上叮嘱可以看出，李鸿梁大概属于艺术灵光、生活低能一类，否则李叔同不会这么细致入微地嘱咐。这与李叔同的书呆子行为很像，

李叔同似乎看到了青年时代的自己。

李叔同又交给李鸿梁两封介绍信，一封是给学校的，一封是给在东京听音乐会时认识的韩亮候先生的，拜托他照顾好自己的学生。李鸿梁到南京赴任那天，李叔同一大早就到旅馆看望他，邀请他去吃点心，然后送他上车。直到火车启动，李叔同才离去。

1916年李鸿梁结婚，李叔同送去四件衣料。之后又去信告诉李鸿梁，虎跑寺断食成功，里面还附有断食后的半身相片，两手捧着经本，展开在脚前。1918年7月13日，李叔同剃度于杭州虎跑大慈寺。李鸿梁从无锡赶来探望，被寺僧阻拦，说大师不见客。经过一番恳求，还是不让进去。脾气急躁的李鸿梁浑劲上来，与寺僧打闹。弘一大师闻讯赶来，向寺僧赔礼说，对不起，他是我的学生。

看到弘一大师头发剃光，身着海青，赤脚草鞋，完全是个苦行头陀。李鸿梁哭了。弘一大师说，你以后见我要提前约定日期，不能再像今天这样了。李鸿梁含泪点头。见弘一大师衣食清苦，李鸿梁当即要给老师钱物。弘一大师说，每月只要四五角钱已足，衣服自己洗，除买邮票以外，可以不用钱，一时还不需要。临别时，弘一大师为李鸿梁写了四个字：老实念佛。

有一次李鸿梁去看望弘一大师，大师担心李鸿梁被阻拦再发争执，早早地就在山门前等候。弘一大师说，你来得很巧，今天寺里吃罗汉菜，很有缘，你在这里吃中饭。吃饭的时候，桌上摆着六碗菜，弘一大师指着桌上两碗同样的菜对李鸿梁说，这就是罗汉菜，很有趣味。又说明了另外四色不同的菜。所谓罗汉菜，是蚕豆、长扁豆、茄子等用白水煮成，加上一点盐的什锦菜。

弘一大师胃口大开，吃了三碗饭，后来还玩了类似升官图那样的佛教游戏。临走时，弘一大师送了李鸿梁几个他从山上拾来的野干果和一部日本版的《佛像新集》。

像恩师一样，李鸿梁也是艺术全才，他是我国最早从事版画的作者之一。此外，他在音乐、篆刻、戏剧、摄影等方面也有很高的造诣。李叔同说李鸿梁像自己，大概是指脾气秉性和艺术修养吧。也许李叔同还有另外一层深意，最像我者，最不像我……

八、我去去就来

断食体验，源于李叔同的病。十五六岁时，李叔同患上神经衰弱，一直没有根治。到浙一师任教后，病情越来越严重，常常彻夜难眠。加之肺病的摧残，让李叔同觉得痛苦不堪，他找不到更好的办法对付病痛，心情愈发苦闷。作为同事兼挚友的夏丏尊，自然是知道的，但他无法替李叔同承受病痛，只能是干着急。

1916 年夏天，夏丏尊从日本杂志上看到一篇断食实验的文章，上面说：实验断食可改恶从善，产生强大的精神力量。自古以来诸如释迦牟尼、耶稣、穆罕默德等宗教伟人，都曾有过断食实验。因而断食被人们奉为更新身心与治疗百病的自我修养法。文章还列举了断食实验的具体办法和注意事项。

"断食"真正的意义是在灵修锻炼上，因为断食的时候不需用太多能量来消化食物，大脑会变得极度清晰，如果以适当的灵修方法引导这些能量，可提升心智到最高的意识境界。断食除了灵修的目的外，也是最古老的自然疗法之一，是用来控制心智和食欲的方法。

对一切生物来说，断食是上天赐给身心的改造法，能收到意想不到的神奇效果。动物界中，不管是狮、虎、象这样的大型动物，还是鼠、虫这样的小动物，只要一生病，就会自己寻找一处静谧的地方，通过彻底的放松、休息、不吃不喝，以消除病毒，恢复健康，这就是动物界的断食法。植物界的各类植物随四时运行——春生、夏长、秋收、冬藏，其中周期性的冬藏是其生生不息的关键所在，这便是植物界的断食法。

夏丏尊的话，总是在关键时刻对李叔同产生影响。李叔同闻之备感新奇，希望有机会试一试。至此起了断食之念，并且在寻找合适的时间和地点。各类有关李叔同的书籍上说，李叔同断食之前，并未向他人透露。其实不然。李叔同出家的前两年（1916 年），曾为陈师曾所作"荷花小幅"题书云："一花一叶，孤芳致洁；昏波不染，成就慧业。"并作题记云："师曾画荷花，昔藏余家。癸丑之秋，以贻听泉先生同学。今再展玩，为缀小词。时余将入山坐禅。慧业云云，以美荷花，亦以是自勖（读 xù）也。"其中"时余将入山坐禅"一句，就是指即将进行的断食实验。1916 年 12 月，正值学校放寒假。借此空当，李叔同到杭州虎跑寺进行断食实验。从 12 月 1 日至 12 月 18 日，断食十八天。根据其《断食日志》记载：前六天，渐减食至尽；中间六天，止食饮矿泉

水；后六天，由粥汤渐增至常量。

李叔同告诉闻玉，断食期间，不见任何亲友，不拆任何函件，不问任何事务。家中有事，由闻玉答复，处理完毕，待断食期满再告之。断食中尽量谢绝一切谈话。整天就是练字、作印、静坐。食量：早餐一碗粥，中餐一碗半饭及一碗菜，晚餐一碗饭及小菜，这是平日三分之二的食量。晚间，准备笔、墨、纸，转天开始习字。

假期结束，夏丏尊方得知李叔同到虎跑寺断食去了。

夏丏尊问："听说你到虎跑寺断食去了，怎么没提前通知我？"

李叔同说："有些话你说完就忘，但我却记得深刻。这种事知道的人越少越好，否则会遭到纷扰。"

夏丏尊说："断食感觉如何？说说你的体会。"

李叔同说："整个过程还算顺利，只是开始断食的前三天，特别想吃东西，但后来就不想吃的。最难受的是，要饮大量泉水。但是全断食那几天，感觉心地清凉，身心轻快，能听常人听不到，悟人所悟不到的。人变得飘飘然。"

夏丏尊说："我是能说不能做的，你是行胜于言，实在感到惭愧。既然你有断食体验，为何不把他写成文字呢？"

李叔同说："我已将每天断食的经历记录下来，姑且就叫《断食日志》吧。"

《断食日志》约一万字左右，李叔同出家前将它赠与同事堵申甫。

后因堵家生活拮据，将它卖给收藏家章劲宇，1965 年才到了在上海医史馆工作的朱孔阳先生手里。当时原拟征为医史馆用，因院方认为内容与医史馆不符，未征用，朱孔阳先生才得以将其收藏。《断食日志》可作为研究人断食时生理、心理变化的参考，也是李叔同唯一的日记体书法作品，对研究其生平事迹具有重要作用。

断食实验后，李叔同改名为李婴，字欣欣道人。返校后还像以前那样，教书育人，参加各种活动。只是吃起素来，还研究起了《菜根谭》、"程朱理学"、《道德经》等儒道书典。

1918 年春，离刘质平毕业还有三四个月，李叔同竭力为其筹备学费，使其安心求学，没有后顾之忧。此时的李叔同已经确定了出家日期，但他还需要见一个人。李叔同带着丰子恺，去见程中和（注：即后来的弘伞大师）。程中和在二次革命中当过团长，攻打过南京，后来忽然悟道，暂住玉泉寺，不久剃度出家。两人见面后，李叔同向程中和请教了出家事宜，确定了出家的具体日期。

这年 3 月 20 日，李叔同写信告知刘质平，要他回国，当面赠送书物。5 月中旬，刘质平回国。5 月 24 日，李叔同与刘质平、丰子恺二位得意门生在浙一师留下在尘世间最后的影像。李叔同在照片上题字云："弘一将入山修行梵行，偕刘质平、丰子恺摄影。"照片中，李叔同居中而坐，左手刘质平，右手丰子恺。李叔同告别尘世，沿着寺庙古老的石阶，

一步一步走向修行的最高境界。"这是多么大的福分啊，承蒙佛祖厚爱，弟子必将善待众生。"李叔同双手合十说道。

李叔同三十九年的红尘往事，定格成一幕幕镜像，让世人一看再看、一想再想，成为永恒。人生只有一世，李叔同却活了"两世"，一世用来尝遍百味，一世用来修养德行。面对世俗的纷扰，有人愤怒，其实愤怒最无力，谁都可以选择。只有选择不愤怒，才是真的智者，才是真的想通了。童年时的李叔同，在家中看到供桌上的佛龛，他在想，里面藏着一个恬淡的灵魂。

1918年李叔同出家前与学生
刘质平、丰子恺合影

【注：照片中的李叔同，光头，身着海青，项戴佛珠，俨然出家人的打扮。而此时李叔同并未正式出家。1918年8月18日，夏丏尊到虎跑寺看望李叔同，见他身穿僧衣，但未剃度，自行架床整理寮房。夏丏尊说气话道，这样不僧不俗不彻底，还是赶紧剃度为好。这在《弘一大师之出家》一文中有记载。剃度的意思为，成为佛教徒之前剃除头发的过程。故疑照片为李叔同出家后所拍。抑或是为拍照之便，身着提前备好的衣物。《弘一大师全集》（福建人民出版社）中，此图片只标注了年代，并未详细标注月、日。】

第
七
章

李叔同韵语

弘一大师曾说："余三十岁以前所作诗词多涉绮语，格调亦卑，无足观也。"这是大师的谦虚。李叔同出家前的经历，用他的诗概括最为妥帖。笔者节选其不同诗作中的诗句，组合成一首诗，题目为笔者所加。

尘世杂感

天津桥上杜鹃啼，后日相思渺何许。
如何十里章台路，瘦了春山几道眉。
大名传遍沪江涯，眼底欢嬉薄命花。
出门怅惘欲何之，莫言冷淡无知己。
眼前大千皆泪海，可怜肠断念家山。
隔断红尘三万里，未到晨钟梦已阑。

一、诗

1. 断句

人生犹似西山日，富贵终如草上霜。

【十五六岁时作于天津海河东粮店后街家宅】

2. 咏山茶花

瑟瑟寒风剪剪催，几枝花放水云隈。

淡妆写出无双品，芳信传来第二回。

春色鲜鲜胜似锦，粉痕艳艳瘦于梅。

本来桃李羞同调，故向百花头上开。

【1900年作于上海法租界卜邻里寓所，初见天津古籍出版社1988年版《李叔同弘一大师》（天津政协文史资料委员会编），收福建人民出版社1991年版《弘一大师全集》（林子青等编）第七卷】

3. 戏赠蔡小香（四首）

一

眉间愁语烛边情，素手掺掺一握盈。

艳福者般真美煞，侍人个个唤先生。

二

云鬌蓬松粉薄施，看来西子捧心时。

自从一病恹恹后，瘦了春山几道眉。

三

轻减腰围比柳姿，刘桢平视故迟迟。

佯羞半吐丁香舌，一段浓芳是口脂。

四

愿将天上长生药，医尽人间短命花。

自是中郎精妙术，大名传遍沪江涯。

【1900 年春，作于上海城南草堂"李庐"，初见许幻园 1901 年在沪编刊《城南笔记》，收北京文物出版社 1984 年版《弘一大师》】

4. 和宋贞（梦仙）题城南草堂原韵

门外风花各自春，空中楼阁画中身。

而今得结烟霞侣，休管人生幻与真。

【1900 年秋，作于上海城南草堂"李庐"，初见许幻园 1901 年在沪编刊《城南笔记》，收北京文物出版社 1984 年版《弘一大师》】

5. 夜泊塘沽

杜宇声声归去好，天涯何处无芳草。

春来春去奈愁何，流光一霎催人老。

新鬼故鬼鸣喧哗，野火燐燐树影遮。

月似解人离别苦，清光减作一钩斜。

【1901 年 3 月中旬，作于自沪返津途中，初见李叔同 1901 年夏在沪编刊诗集《辛丑北征泪墨》，收北京文物出版社 1984 年版《弘一大师》】

6. 到津次夜·大风怒吼，金铁皆鸣，愁不能寐

世界鱼龙混，天心何不平？

岂因时事感，偏作怒号声。

烛尽难寻梦，春寒况五更。

马嘶残月堕，笳鼓万军营。

【1901 年 3 月中旬，作于自沪抵津城东戚友姚氏家，初见李叔同 1901 年夏在沪编刊诗集《辛丑北征泪墨》，收北京文物出版社 1984 年版《弘一大师》】

7. 感时

杜宇啼残故国愁，虚名况敢望千秋。

男儿若论收场好，不是将军也断头。

【1901 年 3 月下旬，作于天津海河东粮店后街家宅，初见李叔同 1901 年夏在沪编刊诗集《辛丑北征泪墨》，收北京文物出版社 1984 年版《弘一大师》】

8. 赠津中友人

千秋功罪公评在，我本红羊劫外身。

自分聪明原有限，羞将事后论旁人。

【1901 年 4 月，作于天津海河东粮店后街家宅，初见李叔同 1901 年夏在沪编刊诗集《辛丑北征泪墨》，收北京文物出版社 1984 年版《弘一大师》】

9. 津门清明

一杯浊酒过清明，箸断樽前百感生。

辜负江南好风景，杏花时节在边城。

【1901 年 4 月 5 日，作于天津海河东粮店后街家宅，初见李叔同 1901 年夏在沪编刊诗集《辛丑北征泪墨》，收北京文物出版社 1984 年版《弘一大师》】

10. 日夕登轮

感慨沧桑变，天边极目时。

晚帆轻似箭，落日大如箕。

风卷旌旗走，野平车马驰。

河山悲故国，不禁泪双垂。

【1901年4月中旬，作于自津回沪途径塘沽转船时，初见李叔同1901年夏在沪编刊诗集《辛丑北征泪墨》，收北京文物出版社1984年版《弘一大师》】

11. 舟泊燕台

澄澄一水碧琉璃，长鸣海鸟如儿啼。

晨日掩山白无色，□□□□青天低。

【1901年4月中旬，作于自沪返津旅次，初见李叔同1901年夏在沪编刊诗集《辛丑北征泪墨》，收北京文物出版社1984年版《弘一大师》】

12. 轮中枕上闻歌口占

子夜新声碧玉环，可怜肠断念家山。

劝君莫把愁颜破，西望长安人未还。

【1901年4月中旬，作于自津回沪轮途，初见李叔同1901年夏在沪编刊诗集《辛丑北征泪墨》，收北京文物出版社1984年版《弘一大师》】

13. 书赠苹香（三首）

一

沧海狂澜聒地流，新声怕听四弦秋。

如何十里章台路，只有花枝不解愁。

二

最高楼上月初斜，惨绿愁红掩映遮。

我欲当筵拼一哭，哪堪重听《后庭花》。

三

残山剩水说南朝，黄浦钟声夜卷潮。

《河满》一声惊掩面，可怜肠断玉人箫。

【1901 年 6 月 16 日作于上海天韵阁，初见上海科学会社 1905 年印行《李苹香传》

（铄十一郎著），收浙江文艺出版社 1995 年版《李叔同诗全编》】

14. 和补园居士韵，又赠李苹香（四首）

一

慢将别恨怨离居，一幅新愁和泪书。

梦醒扬州狂杜牧，风尘辜负女相如。

二

马缨一树个侬家，窗外珠帘映碧纱。

解道伤心有司马，不将幽怨诉琵琶。

三

伊谁情种说神仙，恨海茫茫本孽缘。

笑我风怀半消却，年来参透断肠禅。

四

闲愁检点付新诗，岁月惊心鬓已丝。

取次花丛懒回顾，休将薄幸怨微之。

【1901年6月16日作于上海天韵阁，初见上海科学会社1905年印行《李苹香传》
（铄镂十一郎著），收浙江文艺出版社1995年版《李叔同诗全编》】

15. 和冬青馆主题京伶瑶华书扇（四首）

一

素心一瓣证前因，恻恻灵根渺渺神。

话到华年怨迟暮，美人香草哭灵均。

二

承平歌舞忆京华，紫陌青骢踏落花。

记得春风楼畔路，琵琶弹彻雁行斜。

三

鼙鼓渔阳感劫尘，莺花无复旧时春。

潇潇暮雨徐娘怨，忆否江南梦里人。

四

长安子弟叹飘零，曾向红羊劫里经。

莫问开元太平曲，伤心回首旧门庭。

【1902 年 1 月作于上海冬青馆，刊上海《春江花月报》1902 年 1 月 29 日副刊（署

名"惜霜"），收台北东大图书公司 2002 年版《弘一大师诗词全解》（徐正伦编著）】

16. 照红词客介香梦词人属题《采菊图》为赋二十八字

田园十亩老烟霞，水绕篱边菊影斜。

独有闲情旧词客，春花不惜惜秋花。

【1902 年 9 月作于上海城南草堂"李庐"，刊上海《笑林报》1902 年 10 月 2 日副刊（署

名"当湖惜霜"），收台北东大图书公司 2002 年版《弘一大师诗词全解》】

17. 重游小兰亭口占

一夜西风蓦地寒，吹将黄叶上栏杆。

春来秋去忙如许，未到晨钟梦巳阑。

【1902 年 10 月 15 日作于沪上小兰亭旅途，手迹刊上海《小说世界》杂志 1926

年第八期，收上海北风书屋 1946 年版《弘一大师文钞》（李芳远编）】

18. 冬夜客感

纸窗吹破夜来风，砭骨寒添漏未终。

云掩月殡光惨白，帘飘烛影焰摇红。

无心难定去留计，有泪常抛梦寐中。

烦恼自寻休自怨，待将情事诉归鸿。

【1902 年冬作于上海城南草堂"李庐"，刊上海《笑林报》1903 年 2 月 24 日副刊（署名"惜霜仙史"），收台北东大图书公司 2002 年版《弘一大师诗词全解》】

19. 甲辰二月望日歌筵赋此叠韵

莽莽风尘翠地遮，乱头粗服走天涯。

樽前丝竹销魂曲，眼底欢嬉薄命花。

浊世半生人渐老，中原一发日西斜。

只今多少兴亡感，不独隋堤有暮鸦。

【1904 年 3 月 31 日作于上海，初见浙江第一师范学校编刊《校友会会志》1918 年第十六期，收上海北风书屋 1946 年版《弘一大师文钞》】

20. 赠语心楼主人（二首）

一

天末斜阳淡不红，蛤蟆陵下几秋风。

将军已死圆圆老，都在书生倦眼中。

二

道左朱门谁痛哭？庭前柯木已成围。

只今憔悴江南日，不似当年金缕衣。

【1904 年夏作于上海城南草堂"李庐"，手迹刊上海《小说世界》杂志（胡寄尘）

1926 年第九期，收上海北风书屋 1946 年版《弘一大师文钞》】

21. 七月七夕在谢秋云妆阁重有感谢诗以谢之（又名《前尘》）

风风雨雨忆前尘，悔煞欢场色相因。

十日黄花愁见影，一弯眉月懒窥人。

冰蚕丝尽心先死，故国天寒梦不春。

眼前大千皆泪海，为谁惆怅为谁颦。

【1904 年 8 月 17 日作于沪上谢秋云妆阁下，手迹刊上海《小说世界》杂志（胡寄

尘）1926 年第九期，收上海北风书屋 1946 年版《弘一大师文钞》】

22. 滑稽传题词（四首）

一

斗酒亦醉石亦醉，到心唯作平等观。

此中消息有盈朒，春梦一觉秋风寒。

（主人公为淳于髡）

二

中原一士多斤姿，纵横宇合卑莎维。

人言毕肖在须眉，茫茫心事畴谁知。

（主人公为优孟）

三

婴武伺人工趣语，杜鹃望帝凄春心。

太平歌舞且抛却，来向神州忾陆沈。

（主人公为优旃）

四

南山豆苗肥复肥，北山猿鹤飞复飞。

我欲蹈海乘风归，琼楼高处斜阳微。

（主人公为东方朔）

【1904年秋作于上海城南草堂"李庐"，初见浙江第一师范学校编刊《校友会会志》

1918年第十六期，收上海北风书屋1946年版《弘一大师文钞》】

23. 为沪学会撰《文野婚姻新戏册》既竟，系之以诗

床第之私健者耻，为气任侠有奇女。

鼠子胆裂国魂号，断头台上血花紫。

东邻有儿背佝偻，西邻有女犹含羞。

蟪蛄宁识春与秋，金莲鞋子玉搔头。

河南河北间桃李，点点落红已盈尺。

自由花开八千春，是真自由能不死。

誓度众生成佛果，为现歌室说法身。

孟旂不作吾道绝，中原滚地皆胡尘。

【1904 年秋作于上海城南草堂"李庐"，初见中国留日学生编刊《醒狮》杂志（高天梅主编）1906 年第二期，收上海北风书屋 1946 年版《弘一大师文钞》】

24. 为老妓高翠娥作

残山剩水可怜宵，慢把琴樽慰寂寥。

顿老琵琶妥娘曲，红楼暮雨梦南朝。

【1905 年秋作于上海城南草堂"李庐"，手迹刊上海《小说世界》杂志 1927 年第十期，收上海北风书屋 1946 年版《弘一大师文钞》】

25. 春风

春风几日落红堆，明镜明朝白发摧。

一颗头颅一杯酒，南山猿鹤北山莱。

秋娘颜色娇欲语，小雅文章凄以哀。

昨夜梦游王母国，夕阳如血染楼台。

【1906 年春作于东京，初见东京随鸥吟社编刊《随鸥集》（大久保湘南主编）

1906 年第二十三编，收上海北风书屋 1946 年版《弘一大师文钞》】

26. 东京十大名士追思会即席赋诗（二首）

一

苍茫独立欲无言，落日昏昏虎豹蹲。

胜却穷途两行泪，且来瀛海吊诗魂。

二

故国荒凉剧可哀，千年旧学半尘埃。

沉沉风雨鸡鸣夜，可有男儿奋袂来。

【1906 年 7 月 1 日作于东京偕乐园，初见东京随鸥吟社编刊《随鸥集》1906 年第

二十二编，收福建人民出版社 1991 年版《弘一大师全集》第七卷】

27. 醉时

醉时歌器醒时迷，甚矣吾衰慨凤兮。

帝子祠前芳草绿，天津桥上杜鹃啼。

空梁落月窥华发，无主行人唱大堤。

梦里家山渺何处，沉沉风雨暮天西。

【1906 年 8 月作于自东京归国旅次，手迹刊上海《小说世界》杂志 1927 年第十一期，

收上海北风书屋 1946 年版《弘一大师文钞》】

28. 昨夜

昨夜星辰人倚楼，中原咫尺山河浮。

沉沉万绿寂不语，梨花一枝红小秋。

【1906 年 9-12 月作于自东京归国旅次，初见东京随鸥吟社编刊《随鸥集》1906

年第二十三编，收上海北风书屋 1946 年版《弘一大师文钞》】

29. 朝游不忍池

凤泊鸾漂有所思，出门怅惘欲何之？

晓星三五明到眼，残月一痕纤似眉。

秋草黄枯菡萏国，紫薇红湿水仙祠。

小桥独立了无语，瞥见林梢升曙曦。

【1906 年秋作于东京，手迹刊上海《小说世界》杂志 1927 年第十二期，收上海北

风书屋 1946 年版《弘一大师文钞》】

30. 初梦（二首）

一

鸡犬无声天地死，风景不殊山河非。

妙莲华开大尺五，弥勒松高腰十围。

二

恩仇恩仇若相忘，翠羽明珠绣裲裆。

隔断红尘三万里，先生自号水仙王。

【1907 年春作于东京，手迹刊上海《小说世界》杂志 1927 年第十二期，收上海北风书屋 1946 年版《弘一大师文钞》】

31. 帘衣（又名《无题》）

帘衣一桁晚风轻，艳艳银灯到眼明。

薄幸吴儿心木石，红衫娘子唤花名。

秋于凉雨燕支瘦，春入离弦断续声。

后日相思渺何许，芙蓉开老石家城。

【1907 年秋作于东京，手迹刊上海《小说世界》杂志 1927 年第十二期，收上海北风书屋 1946 年版《弘一大师文钞》】

32. 人病

人病墨池干，南风六月寒。

肺枯红叶落，身瘦白衣宽。

入世儿侪笑，当门景色阑。

昨宵梦王母，猛忆少年欢。

【1912 年 7 月中旬作于上海海伦路泰安里寓所卧病时，刊上海《太平洋报》（叶楚伧主笔）1912 年副刊《太平洋文艺》，收上海北风书屋 1946 年版《弘一大师文钞》】

33. 题丁慕琴绘《黛玉葬花图》（二首）

一

收拾残红意自勤，携锄替筑百花坟。

玉钩斜畔隋家塚，一样千秋冷夕曛。

二

飘零何事怨春归，九十韶光花自飞。

寄语芳魂莫惆怅，美人香草好相依。

【1912 年作于杭州浙江第一师范学校，辑收上海北风书屋 1946 年版《弘一大师文钞》，北京文物出版社 1984 年版《弘一大师》】

34. 咏菊

姹紫嫣红不耐霜，繁华一霎过韶光。

生来未藉东风力，老去能添晚节香。

风里柔条频损绿，花中正色自含黄。

莫言冷淡无知己，曾有渊明为举觞。

【1912年秋，作于杭州浙江第一师范学校，辑北京文物出版社1984年版《弘一大师》，收福建人民出版社1991年版《弘一大师全集》（林子青等编）第七卷】

35. 题梦仙花卉横幅

人生如梦耳，哀乐到心头。

洒剩两行泪，吟成一夕秋。

慈云渺天末，明月下南楼。

寿世无长物，丹青片羽留。

【1914年9月作于上海海伦路泰安里寓所，辑上海北风书屋1946年版《弘一大师文钞》，手迹刊北京文物出版社1984年版《弘一大师图版》（九）】

36. 贻王海帆先生

文字联交谊，相逢有宿缘。

社盟称后学，科第亦同年。

抚碣伤禾黍，怡情醉管弦。

西湖风月好，不慕赤松仙。

【1917年夏作于杭州浙江第一师范学校，初见《南社丛刊》1923年第二十二集（陈去病编辑），收上海北风书屋1946年版《弘一大师文钞》】

二、词

1. 清平乐·赠许幻园

城南小住，情适《闲居赋》。

文采风流合倾慕，闭户著书自足。

阳春常驻山家，金樽酒进胡麻。

篱畔菊花未老，岭头又放梅花。

【1900 年春作于上海城南草堂"李庐"，初见李叔同 1901 年在沪编刊诗集《辛丑北征泪墨》，收北京文物出版社 1984 年版《弘一大师》】

2. 老少年曲·梧桐树

梧桐树，西风黄叶飘，夕日疏林杪。

花事匆匆，零落凭谁吊。

朱颜镜里凋，白发愁边绕。

一霎光阴底是催人老，有千金也难买韶华好。

纠缠不是禅

李叔同的前半生
(1880～1918年)

/ 278

【1900 年 11 月作于上海城南草堂"李庐"，初见李叔同 1901 年在沪编刊诗集《辛丑北征泪墨》，收上海北风书屋 1946 年版《弘一大师文钞》】

3. 南浦月·将北行矣，留别海上同人

杨柳无情，丝丝化作悉千缕。

惺忪如许，萦起心头绪。

谁道销魂，心意无凭据。

离亭外，一帆风雨，只有人归去。

【1901 年 3 月下旬作于上海城南草堂"李庐"，初见李叔同 1901 年在沪编刊诗集《辛丑北征泪墨》，收上海北风书屋 1946 年版《弘一大师文钞》】

4. 西江月·宿塘沽旅馆

残漏惊人梦里，孤灯对景成双。

前尘涉渺风思量，只道人归是谎。

谁说春宵苦短，算来竟比年长。

海风吹起夜潮狂，怎把新愁吹涨？

【1901 年 3 月下旬作于自津回沪途径塘沽夜宿旅馆转船时，初见李叔同 1901 年在沪编刊诗集《辛丑北征泪墨》，收北京文物出版社 1984 年版《弘一大师》】

5. 醉花阴·闺怨

落尽杨花红板路，无计留春住。

独立玉阑干，欲诉离愁，生怕笼鹦鹉。

楼头又见斜阳暮，怎奈归期误。

相忆梦难成，芳草天涯，极目人何处？

【1901 年 5 月作于上海城南草堂"李庐"，刊上海《消闲报》1901 年 6 月 7 日副

刊（署名"惜霜倚声"），收台北东大图书公司 2002 年版《弘一大师诗词全解》】

6. 金缕曲·赠歌郎金娃娃

老江南矣！忒匆匆，春余梦影，樽前眉底。

陶写中年丝竹耳，走马胭脂队里。怎到眼都成余子？

片玉昆山神朗朗，紫樱桃，慢把红情系。愁万斛，来收起。

泥他粉墨登场地，领略那英雄气宇，秋娘情味。

雏凤声清清几许，销尽填胸荡气，笑我亦布衣而已。

奔走天涯无一事，问何如声色将情寄？

休怒骂，且游戏。

【1904 年作于上海城南草堂"李庐"，手迹刊于上海《小说世界》杂志 1926 年第

九期，收上海北风书屋 1946 年版《弘一大师文钞》】

7. 菩萨蛮·忆杨翠喜

（一）

燕支山上花如雪，燕支山下人如月。

额发翠云铺，眉弯淡欲无。

夕阳微雨后，叶底秋痕瘦，生小怕言愁，言愁不耐羞。

（二）

晓风无力垂杨懒，情长忘却游丝短。

酒醒月痕底，江南杜宇啼。

痴魂销一捻，愿化穿花蝶。帘外隔花阴，朝朝香梦沉。

【1905 年作于上海城南草堂"李庐"，初见《南社丛刊》1914 年第八集（胡怀琛代编），收上海北风书屋 1946 年版《弘一大师文钞》】

8. 金缕曲·将之日本留别祖国并呈同学诸子

披发佯狂走。莽中原，暮鸦啼彻，几枝衰柳。破碎河山谁收拾，零落西风依旧，便惹得、离人消瘦，世界有瘦。行矣临流重太息，说相思、刻骨双红豆。愁黯黯，浓于酒。

漾情不断淞波溜。恨年来絮飘萍泊，遮难回首。二十文章惊海内，毕竟空谈何有？

听匣底苍龙狂吼。长夜凄风眠不得，度群生那惜心肝剖？

是祖国，忍孤负！

【1905 年 8 月作于天津海河东粮店后街家宅，手迹刊上海《小说世界》杂志 1926

年第十期，收上海北风书屋 1946 年版《弘一大师文钞》】

9. 手绘山茶花图题词

回栏欲转，试弄双翘红晕浅。

记得儿家，记得山茶一树花。

【1905 年作于东京小迷楼，初见北京文物出版社 1984 年印行《弘一大师》，收浙

江文艺出版社 1995 年版《李叔同诗全编》】

10. 高阳台·忆金娃娃

十日沉愁，一声杜宇，相思啼上花梢。

春隔天涯，剧怜别梦迢遥。

前溪芳草经年绿，只风情，辜负良宵。

最难抛，月上歌帘，声咽秦箫。

而今未改双眉妩，只江南春老，红了樱桃。

忐煞迷离，匆匆已过花朝。

游丝苦挽行人住，奈东风冷到西桥。

镇无聊，记取离愁，吹彻琼箫。

【1906 年作于东京，手迹刊上海《小说世界》杂志 1926 年第十一期，收上海北风
书屋 1946 年版《弘一大师文钞》】

11. 喝火令·哀国民之心死

故国鸣鹨鸪，垂杨有暮鸦。

江山如画日西斜。新月撩人透入碧窗纱。

陌上青青草，楼头艳艳花。洛阳儿女学琵琶。

不管冬青一树属谁家，不管冬青树底影事一些些。

【1906 年作于天津海河东粮店后街家宅，初见中国留日学生编刊《醒狮》杂志
1906 年第四期，收上海北风书屋 1946 年版《弘一大师文钞》】

12. 满江红·民国肇造杂感

皎皎昆仑山顶月，有人长啸。

看囊底、宝刀如雪，恩仇多少。

双手裂开鼷鼠胆，寸金铸出民权脑。

算此生，不负是男儿，头颅好。

荆轲墓，咸阳道；聂政死，尸骸暴。

尽大江东去，余情还绕。

魂魄化成精卫鸟，血花溅作红心草。

看从今，一担好山河，英雄造。

【1912 年 1 月作于天津海河东粮店后街家宅，初见《南社文丛》1912 年第七期（编辑高吹万、柳亚子、王西神），收上海北风书屋 1946 年版《弘一大师文钞》】

13. 玉连环影·题陈师曾为夏丏尊绘小梅花屋图

屋老，一树梅花小。

住个诗人，添个新诗料。

爱清闲，爱天然。

城外西湖，湖上有青山。

【1914 年 2 月 4 日作于杭州浙江第一师范学校，初见《南社文丛》1923 年第二十二集（编辑陈去病），收上海北风书屋 1946 年版《弘一大师文钞》】

三、歌

1. 哀祖国

小雅尽废兮，出车采薇矣。

豺狼当途兮，人类其非矣。

凤鸟兮，河图兮，梦想为劳矣。

冉冉老将至兮，甚矣吾衰矣。

【李叔同选曲填词，1905年春作于上海沪学会补习所，初见上海中新书局1905年

印行李叔同编《国学唱歌集》，收台北慧炬出版社1991年版《弘一大师李叔同音乐集》】

2. 爱

爱河万年终不涸，来无源头去无谷。

滔滔圣贤与英雄，天地毁时无终穷。

愿我爱国家，愿国家爱我。

愿国家爱我，灵魂不死者我。

【李叔同选曲填词，1905年春作于上海沪学会补习所，初见上海中新书局1905年

印行李叔同编《国学唱歌集》，收台北慧炬出版社1991年版《弘一大师李叔同音乐集》】

3. 化身

化身恒河沙数，发大音声。

尔时千佛出世，瑞霭氤氲。

欢喜欢喜人天，梦醒兮不知年。

翻倒四大海水，众生皆仙。

【李叔同选曲填词，1905年春作于上海沪学会补习所，初见上海中新书局1905年

印行李叔同编《国学唱歌集》，收台北慧炬出版社1991年版《弘一大师李叔同音乐集》】

4. 男儿

男儿自有千古，莫等闲觑。

孔、佛、耶、回精谊，道毋陂歧。

发大愿作教皇，我当炉冶群贤。

功被星球十方，赞无数年。

【李叔同选曲填词，1905 年春作于上海沪学会补习所，初见上海中新书局 1905 年

印行李叔同编《国学唱歌集》，收台北慧炬出版社 1991 年版《弘一大师李叔同音乐集》】

5. 婚姻祝辞

《诗》三百，《关雎》第一，伦理重婚姻，夫妇制定家族成，

进化首人群。

天演界，雌雄淘汰，权力要平分，遮莫说男尊女卑，一

般是国民。

【李叔同选曲填词，1905 年春作于上海沪学会补习所，初见上海中新书局 1905 年

印行李叔同编《国学唱歌集》，收台北慧炬出版社 1991 年版《弘一大师李叔同音乐集》】

6. 祖国歌

上下数千年，一脉延，文明莫与肩。

纵横数万里，膏腴地，独享天然利。

国是世界最古国，民是亚洲大国民。

呜呼，大国民！呜呼，唯我大国民！

幸生珍世界，琳琅十倍增声价。

我将骑狮越昆仑，驾鹤飞渡太平洋。谁与我仗剑挥刀？

呜呼，大国民，谁与我鼓吹庆升平？

【李叔同选曲填词，1905 年春作于上海沪学会补习所，见北京音乐出版社 1958 年

印行《李叔同歌曲集》，收台北慧炬出版社 1991 年版《弘一大师李叔同音乐集》】

7. 追悼李节母之衰辞

松柏兮翠姿，凉风生德闱。

母胡弃儿辈，长逝竟不归！

儿寒复谁恤，儿饥复谁思？

哀哀复哀哀，魂兮归乎来！

【原刊天津《大公报》1905 年 7 月 24 日，未署名】

8. 我的国

东海东，波涛万丈红。

朝日丽天，云霞齐捧，五洲唯我中央中。

二十世纪谁称雄？请看赫赫神明种。

我的国，我的国，我的国万岁，万岁万岁万万岁！

昆仑峰，缥缈千寻耸。

明月天心，众星环拱，五洲唯我中央中。

二十世纪谁称雄？请看赫赫神明种。

我的国，我的国，我的国万岁，万岁万岁万万岁！

【李叔同选曲填词，1905年11月作于东京。初见李叔同1906年2月东京编刊《音乐小杂志》，收台北慧炬出版社1991年版《弘一大师李叔同音乐集》】

9. 春郊赛跑

跑！跑！跑！看是谁先到。

杨柳青青，桃花带笑，万物皆春，男儿年少。

跑！跑！跑！跑！跑！

锦标夺得了。

【李叔同选曲填词，1905年11月作于东京，初见李叔同1906年2月东京编刊《音乐小杂志》，收台北慧炬出版社1991年版《弘一大师李叔同音乐集》】

10. 隋堤柳

甚西风吹醒隋堤衰柳，江山非旧，只风景依稀，凄凉时候。

零星旧梦半沉浮，说阅尽兴亡，遮难回首。

昔日珠帘锦幕，有淡烟一抹，纤月盈钩。

剩水残山故国秋。知否，知否，眼底离离麦秀。

说甚无情，情丝蹂到心头。

杜鹃啼血哭神州，海棠有泪伤秋瘦。

深愁浅愁难消受，谁家庭院笙歌又。

【李叔同选曲填词，1905 年 11 月作于东京，初见李叔同 1906 年 2 月东京编刊《音

乐小杂志》，收台北慧炬出版社 1991 年版《弘一大师李叔同音乐集》】

11. 直隶省立第一师范附属小学校歌

文昌在天，文明之光。

地灵人杰，效师长。

初学根本，实切强；

精神腾跃，成文章。

君不见，七十二沽水源远流长。

【原刊于宋廷璋《李叔同早年撰写的一首小学校歌》，见《李叔同——弘一大师》

一书，天津古籍出版社 1988 年。作于清末，具体时间不详】

12. 大中华（二部合唱）

万岁！万岁！万岁！赤县膏腴神明裔。

地大物博，相生相养，建国五千余岁。

振衣昆仑之巅，濯足扶桑之漪。

山川灵秀所钟，人物光荣永垂。

猗欤哉！伟欤哉！仁风翔九畿。

猗欤哉！伟欤哉！威灵振四夷。

万岁！万岁！万万岁！

【李叔同选曲填词，作于杭州浙一师任教时期，收北京音乐出版社 1958 年版《李

叔同歌曲集》（丰子恺编）】

13. 春游（四部合唱曲）

春风吹面薄于纱，春人装束淡于画。

游春人在画中行，万花飞舞春人下。

梨花淡白菜花黄，柳花委地芥花香。

莺啼陌上人归去，花外疏钟送夕阳。

【李叔同词曲，1912 年春作于杭州浙一师，刊同年五月李叔同编浙一师校友会印

行《白阳》创刊号】

14. 早秋

十里明湖一叶舟，城南烟月水西楼。

几许秋容娇欲流，隔着垂杨柳。

远山明净眉尖瘦，闲云飘忽罗纹绉。

天末凉风送早秋，秋花点点头。

【李叔同词曲,作于杭州浙一师任教时期,刊 1927 年丰子恺编上海开明书店出版《中
文名歌五十首》】

15. 送别

　　长亭外，古道边，芳草碧连天。晚风拂柳笛声残，夕阳
山外山。

　　天之涯，地之角，知交半零落。一觚浊酒尽余欢，今宵
别梦寒。

【李叔同选曲填词，1913 年作于杭州浙一师任教时期，刊 1927 年丰子恺编上海开
明书店出版《中文名歌五十首》】

16. 忆儿时

　　春去秋来，岁月如流，游子伤漂泊。

　　回忆儿时，家居嬉戏，光景宛如昨。

　　茅屋三椽，老梅一树，树底迷藏捉。

　　高枝啼鸟，小川游鱼，曾把闲情托。

　　儿时欢乐，斯乐不可作。

【李叔同选曲填词，1912 年春作于上海海能路寓所，刊 1927 年丰子恺编上海开明
书店出版《中文名歌五十首》】

17. 人与自然界（三部合唱）

严冬风雪摧贞干，逢春依旧郁苍苍。

吾人心志宜坚强，历尽艰辛不磨灭，唯天降福俾尔昌！

浮云掩星星无光，云开光彩逾芒芒。

吾人心志宜坚强，历尽艰辛不磨灭，唯天降福俾尔昌！

【李叔同选曲填词，作于杭州浙一师任教时期，刊1927年丰子恺编上海开明书店

出版《中文名歌五十首》】

18. 秋夜（1）

眉月一弯夜三更，画屏深处宝鸭篆烟青。

唧唧唧唧，唧唧唧唧，秋虫绕砌鸣。

小簟凉多睡味清。

【李叔同选曲填词，作于杭州浙一师任教时期，刊1927年丰子恺编上海开明书店

出版《中文名歌五十首》】

19. 秋夜（2）

正日落西山，一片罗云隐去。

万种情怀，安排何处？

却妆出嫦娥，玉宇琼楼缓步。

天高气清，满庭风露。

问耿耿银河，有谁人引渡，四壁凉蛩，如来相语。

尽遣了闲愁，聊共月华小住。

如此良宵，人生难遇！

寒蝉吟罢，蓦然萤火飞流。

夜凉如水，月挂镰钩。

爱星河皎洁，今宵雨敛云收。

虫吟侑酒，扫尽闲愁。

听一声长笛，有谁人倚楼，天涯万里，情思悠悠。

好安排枕簟，独寻睡乡优游。

金风飒飒，底事悲秋。

【李叔同选曲填词，作于杭州浙一师任教时期，刊 1927 年丰子恺编上海开明书店

出版《中文名歌五十首》】

20. 月

仰碧空明明，朗月悬太清。

瞰下界扰扰，尘欲迷中道。

唯愿灵光普万方，荡涤垢滓扬芬芳。

虚渺无极，圣洁神秘，灵光常仰望。

唯愿灵光普万方，荡涤垢滓扬芬芳。

虚渺无极，圣洁神秘，灵光常仰望。

仰碧空明明，朗月悬太清。

瞰下界暗暗，世事多愁叹。

唯愿灵光普万方，披除痛苦散清凉。

虚渺无极，圣洁神秘，灵光常仰望。

唯愿灵光普万方，披除痛苦散清凉。

虚渺无极，圣洁神秘，灵光常仰望。

【李叔同选曲填词，作于杭州浙一师任教时期，刊 1927 年丰子恺编上海开明书店

出版《中文名歌五十首》】

21. 朝阳（四部合唱）

观朝阳耀灵东方兮，灿庄严伟大之荣光。

彼长眠之空暗暗兮，流绛彩以辉煌。

唯神、唯神、唯神赐予。

观朝阳耀灵东方兮，灿庄严伟大之荣光。

彼冥想之海沉沉兮，荡金波以飞扬。

唯神、唯神！

创造世界、创造万物、锡予光明、锡予幸福无疆。

观朝阳耀灵东方兮，感神恩之久长。

【李叔同选曲填词，作于杭州浙一师任教时期，刊 1927 年丰子恺编上海开明书店

出版《中文名歌五十首》】

22. 落花

纷，纷，纷，纷，纷，纷……

唯落花委地无言兮，化作泥尘；

寂，寂，寂，寂，寂，寂……

何春光长逝不归兮，永绝消息。

忆春风之日暝，芳菲菲以争妍；

既乘荣以发秀，倏节易而时迁。

春残，览落红之辞枝兮，伤花事其阑珊；

已矣！春秋其代序以递嬗兮，俯念迟暮。

荣枯不须臾，盛衰有常数；

人生之浮华若朝露兮，泉壤兴衰；

朱华易消歇，青春不再来。

【李叔同选曲填词，作于杭州浙一师任教时期，刊 1927 年丰子恺编上海开明书店

出版《中文名歌五十首》】

23. 幽居

唯空谷寂寂，有幽人抱贞独。

时逍遥以徜徉，在山之麓。

抚磐石以为床，翳长林以为屋。

眇万物而达观，可以养足。

唯清溪沉沉，有幽人怀灵芬。

时逍遥以徜徉，在水之滨。

扬素波以濯足，临清流以低吟。

睇天宇之寥廓，可以养真。

【李叔同选曲填词，作于杭州浙一师任教时期，刊 1927 年丰子恺编上海开明书店

出版《中文名歌五十首》】

24. 天风（二部合唱）

云瀚瀚，云瀚瀚，拥高峰。

气葱葱，气葱葱，极巃嵷。

苍笔笔，苍笔笔，凌绝顶，侧足缥缈乘天风。

咳唾生明珠，吐气嘘长虹。

俯视培蝼之垒垒，烟斑黛影半昏蒙。

仰视寥廓之明明，天风回碧空。

漭洋洋，漭洋洋，浮巨溟。

纷蒙蒙，纷蒙蒙，接苍穹。

浪淘淘，浪淘淘，攒铓锋。

扬泄汗漫乘天风。

散发粲云霞，长啸惊蛟龙。

俯视积流之茫茫，百川四渎齐朝宗。

仰观寥廓之明明，天风回碧空。

天风荡吾心魄兮，绝于尘埃之外游神太虚。

天风振吾衣袂兮，超乎万物之表与世长遗。

【李叔同选曲填词，作于杭州浙一师任教时期，刊 1927 年丰子恺编上海开明书店
出版《中文名歌五十首》】

25. 冬

一帘月影黄昏后，疏林掩映梅花瘦。

墙角嫣红点点肥，山茶开几枝。

小阁明窗好伴侣，水仙凌波淡无语。

领头不改青葱葱，犹有后凋松。

【李叔同选曲填词，作于杭州浙一师任教时期，刊 1927 年丰子恺编上海开明书店

出版《中文名歌五十首》】

26. 丰年（二部合唱）

五日一风，十日一雨，太平乐利赓多黍。

谷我妇子，娱我黄耇，欢腾熙洽歌大有。

年丰国昌，唯天降德垂嘉祥。

穰穰穰穰穰穰，唯天降德垂嘉祥。

穰穰攘穰穰穰，岁复岁兮富康。

我仓既盈，我庾唯亿，颂声载路庆丰给。

万宝告成，万物生茂，跻堂称觞介眉寿。

年丰国昌，唯天降德垂嘉祥。

穰穰穰穰穰穰，唯天降德垂嘉祥。

穰穰穰穰穰穰，岁复岁兮富康。

【李叔同选曲填词，作于杭州浙一师任教时期，刊 1927 年丰子恺编上海开明书店

出版《中文名歌五十首》】

27. 长逝

看今朝树色青青，奈明朝落叶凋零。

看今朝花开灼灼，奈明朝落红漂泊。

唯春与秋其代序兮，感岁月之不居。

老冉冉以将至，伤青春其长逝。

【李叔同选曲填词，作于杭州浙一师任教时期，刊 1927 年丰子恺编上海开明书店

出版《中文名歌五十首》】

28. 莺

喜春来，日暖风和，园林花放新莺啼。

喜春来，日暖风和，园林花放新莺啼。

听花间清音百啭，呖呖呖呖。

听花间清音百啭，呖呖呖呖。

呖，呖呖呖呖呖呖，呖呖呖呖。

【李叔同选曲填词，作于杭州浙一师任教时期，刊 1927 年丰子恺编上海开明书店
出版《中文名歌五十首》】

29. 归燕（四部合唱）

几日东风过寒食，秋来花事已阑珊。

疏林寂寂双燕飞，低回软语语呢喃。

呢喃，呢喃，呢喃，呢喃，雕梁春去梦如烟。

绿芜庭院罢歌弦，乌衣门巷捐秋扇。

树杪斜阳淡欲眠，天涯芳草离亭晚。

不如归去归故山，故山隐约苍漫漫。

呢喃，呢喃，呢喃，呢喃，不如归去归故山。

【李叔同选曲填词，作于杭州浙一师任教时期，刊 1927 年丰子恺编上海开明书店
出版《中文名歌五十首》】

30. 西湖（三部合唱）

看明湖一碧，六桥锁烟水。塔影参差，有画船自来去。

垂杨柳两行，绿染长堤。飏晴风，又笛韵悠扬起。

看青山四围，高峰南北齐。山色自空濛，有竹木媚幽姿。

探古洞烟霞，翠扑须眉。雪暮雨，又钟声林外起。

看明湖一碧，六桥锁烟水。塔影参差，有画船自来去。

垂杨柳两行，绿染长堤。飔晴风，又笛韵悠扬起。

大好湖山如此，独擅天然美。明湖碧无际，又青山绿作堆。

漾晴光潋滟，带雨色幽奇。靓妆比西子，尽浓淡总相宜。

【李叔同选曲填词，作于杭州浙一师任教时期，刊 1927 年丰子恺编上海开明书店
出版《中文名歌五十首》】

31. 采莲

采莲复采莲，莲花莲叶何蹁跹。

露华如珠月如水，十五十六清光圆。

采莲复采莲，莲花莲叶何蹁跹。

【李叔同选曲填词，作于杭州浙一师任教时期，刊 1927 年丰子恺编上海开明书店
出版《中文名歌五十首》】

32. 梦

哀游子茕茕其无依兮，在天之涯。

唯长夜漫漫而独寐兮，时恍惚以魂驰。

萝偃卧摇篮以啼笑兮，似婴儿时。

母食我甘酪与粉饵兮，父衣我以彩衣。

月落乌啼，梦影依稀，往事知不知？

泪半生哀乐之长逝兮，感亲之恩其永垂。

哀游子怆怆而自怜兮，吊形影悲。

唯长夜漫漫而独寐兮，时恍惚以魂驰。

梦挥泪出门辞父母兮，叹生别离。

父语我眠食宜珍重兮，母语我以早归。

月落乌啼，梦影依稀，往事知不知？

泪半生哀乐之长逝兮，感亲之恩其永垂。

【李叔同选曲填词，作于杭州浙一师任教时期，刊 1927 年丰子恺编上海开明书店

出版《中文名歌五十首》】

33. 悲秋

西风乍起黄叶飘，日夕疏林杪。

花事匆匆，梦影迢迢，零落凭谁吊？

镜里朱颜，愁边白发，光阴催人老。

纵有千金，纵有千金，千金难买年少。

【李叔同选曲填词，作于杭州浙一师任教时期，刊 1927 年丰子恺编上海开明书店

出版《中文名歌五十首》】

34. 晚钟（三部合唱）

大地沉沉落日眠，平墟漠漠晚烟残。

幽鸟不鸣暮色起，万籁俱寂丛林寒。

浩荡飘风起天杪，摇曳钟声出尘表。

绵绵灵响彻心弦，眇眇幽思凝冥杳。

众生病苦谁扶持？尘网颠倒泥涂污。

唯神愍恤敷大德，拯吾罪过成正觉。

誓心稽首永皈依，瞑瞑入定陈虔祈。

倏忽光明烛太虚，云端仿佛天门破。

庄严七宝迷氤氲，瑶华翠羽垂缤纷。

浴灵光兮朝圣真，拜手承神恩。

仰天衢兮瞻慈云，忽现忽若隐。

钟声沉暮天，神恩永存在。

神之恩，大无外！

【李叔同选曲填词，作于杭州浙一师任教时期，刊 1927 年丰子恺编上海开明书店

出版《中文名歌五十首》】

35.月夜

纤云四卷银河净，梧叶萧疏摇月影。

剪径凉风阵阵紧，暮鸦栖止未定，万里空明人意静。

呀！是何处，敲彻玉磬，一声声清越度幽岭？

呀！是何处，声相酬应，是孤雁寒砧并？

想此时此际，幽人应独醒，倚栏风冷。

【李叔同选曲填词，作于杭州浙一师任教时期，刊 1928 年钱君匋编上海开明书店

出版《中国民歌选》】

36.幽人

深山之麓，三楹老茅屋，中有幽人抱贞独。

当风且振衣，临流可濯足。

放高歌震空谷：呜，呜呜，呜呜呜！

浊世泥途污，浊世泥途污。

道孤，道孤。

行殊，行殊。

吾与天为徒。

【李叔同选曲填词，作于杭州浙一师任教时期，刊 1928 年钱君匋编上海开明书店
出版《中国民歌选》】

37. 春夜

金谷园中，黄昏人静，一轮明月，恰上花梢。

月圆花好，如此良宵，莫把这似水光阴空过了！

英雄安在，荒冢萧萧。

你试看他青史功名，你试看他朱门锦乡，繁华如梦，满

目蓬蒿！

天地逆旅，光阴过客，无聊！

倒不如闻非闻是尽抛去，逍遥！

倒不如花前月下且游遨，将金樽倒。

海棠睡去，把红烛烧。

荼蘼开未，把羯鼓敲。

莫教天上嫦娥将人笑。

【李叔同选曲填词，作于杭州浙一师任教时期，刊 1928 年钱君匋编上海开明书店
出版《中国民歌选》】

38. 校园夕歌

光阴似流水，不一会课毕放学归。

我们仔细想一会，今天功课明白未？

老师讲的话，可曾有违背？

父母望儿归，我们一路莫徘徊。

将来治国平天下，全靠吾辈。

大家努力啊，

同学们，明天再会。

【李叔同选曲填词，作于杭州浙一师任教时期。】

附 录

李叔同年表（1880-1918年）

1880年（光绪六年庚辰）10月23日（农历九月二十日）辰时，生于天津海河东地藏庵前故居李宅。祖李锐，原籍浙江平湖，寄籍天津，经营盐业与银钱业。父李世珍，字筱楼，清同治四年进士，曾官吏部主事，后辞官承父业而为津门巨富。行列第三，幼名成蹊，学名文涛，字叔同。

1884年（光绪十年甲申）5岁，8月5日，父病逝，终年72岁。乃父临终日，延高僧诵《金刚经》。时，初见僧人。是年起从母王氏诵名诗格言。

1885年（光绪十一年乙酉）6岁，从仲兄文熙受启蒙教育。

1886年（光绪十二年丙戌）7岁，从文熙学《百孝图》《返性篇》《格言联璧》及《文选》等。

1888年（光绪十三年丁亥）8岁，从常云庄家馆受业，攻《文选》《孝经》《毛诗》等。约是年，又从管家、账房徐耀庭学篆刻，初临《石

鼓文》等。

1892年（光绪十八年壬辰）13岁，读《尔雅》《说文》等，始习
训诂之学。攻各朝书法，以魏书为主，书名初闻于乡。

1894年（光绪二十年甲午）15岁，读《左传》《汉史精华录》等。
是年诵有"人生犹似西山日，富贵终如草上霜"句。

1895年（光绪二十一年乙未）16岁，考上文昌院辅仁书院，习制艺。
又延馆教学英文、算术等。

1896年（光绪二十二年丙申）17岁，夏，出素册廿四帧，请唐静
岩师为钟鼎篆隶八分书。秋，从天津名士赵幼梅学诗文，喜读唐五代诗
词。又从津门书印名家唐静岩学篆书及治印，并与津门同辈名士交游。

1897年（光绪二十三年丁酉）18岁，与俞氏（时年二十）完婚。同年，
以童生资格应试天津县学，学名李文涛。

1898年（光绪二十四年戊戌）19岁，传李叔同刻有"南海康君是吾师"
一印，表示对康有为、梁启超维新变法的支持。暮秋，奉母携眷迁居上
海。十月加入"城南文社"，曾以《拟宋玉小言赋》，名列文社月会第一。

1899年（光绪二十五年己亥）20岁，是年春迁居许幻园家的"城
南草堂"。与袁希濂、许幻园、蔡小香、张小楼结金兰之谊，号称"天
涯五友"。

1900年（光绪二十六年庚子）21岁，农历九月十九日（11月10日），长子李准生。是年出版《李庐诗钟》《李庐印谱》。与画家任伯年等设立"上海书画公会"。每星期出书画报两刊，由中外日报社随报发行。

1901年（光绪二十七年辛丑）22岁，正月，为许幻园所撰《城南草堂笔记》题跋。春，曾回天津，拟赴河南探视其兄，后因故未果，遂返沪。是年秋，入南洋公学（上海交通大学）就读经济特科班，与黄炎培、邵力子、谢无量等同从学于蔡元培。

1902年（光绪二十八年壬寅）23岁，各省补行庚子、辛丑恩正并科乡试，先后以河南纳监应乡试，以嘉兴府平湖县监生资格报名应试，均未中。仍回南洋公学。11月，南洋公学发生学生罢课风潮。蔡元培因同情学生而辞职，李叔同等继而退学。

1903年（光绪二十九年癸卯）24岁，与退学者在上海"沪学会"内增设补习科，常举行演说会。以"李广平"之名翻译《法学门径书》及《国际私法》二书，由上海开明书店相继出版。

1904年（光绪三十年甲辰）25岁，三月，曾为"铄镂十一郎"（章士钊）传记著作《李苹香》撰序，署名"惜霜"。常与歌郎、名妓等艺人往还。在上海粉墨登场，参加演出京剧《八蜡庙》《白水滩》《黄天霸》等。

1905 年（光绪三十一年乙巳）26 岁，3 月 10 日，生母王氏病逝。携眷护柩回津。出版《国学唱歌集》。是年秋，东渡日本留学。行前有《金缕曲·留别祖国并呈同学诸子》。在东京为《醒狮》杂志撰写《图画修得法》与《水彩画法说略》。

1906 年（光绪三十二年丙午）27 岁，正月，在东京编辑《音乐小杂志》。7 月 1 日，以"李哀"之名在东京首次参与日本名士组织"随鸥吟社"之雅集。9 月 29 日，以"李岸"之名注册，考入东京美术学校油画科。与同学曾孝谷等组织"春柳社"，此乃中国第一个话剧团体。从川上音二郎和藻泽栈二郎研究新剧演技，艺名"息霜"。是年曾回天津，有《喝火令》一词记己之感慨。

1907 年（光绪三十三年丁未）28 岁，2 月"春柳社"首演《茶花女》，李叔同饰茶花女一角。此为中国话剧实践第一步。7 月再演《黑奴吁天录》，饰美洲绅士解尔培的夫人爱密柳，同时客串男跛醉客。留日期间，因与日籍美术模特福基产生感情，后一同回国。

1908 年（光绪三十四年戊申）29 岁，退出春柳社，专心致力于绘画和音乐。

1911 年（清宣统二年辛亥）32 岁，春，创作毕业自画像。3 月，毕业于东京美术学校，偕日妻回国抵沪，在直隶模范工业学堂任图画教员。同年家道中落。

1912 年（民国元年壬子）33 岁，春，自津返沪，在杨白民任校长的城东女学任教，授文学和音乐课。是年加入"南社"，被聘为《太平洋报》主笔，并编辑广告及文艺副刊。与柳亚子创办文美会，主编《文美杂志》。秋，《太平洋报》停刊。应经亨颐之聘赴杭州，在浙江两级师范学校任音乐、图画课教师。

1913 年（民国二年癸丑）34 岁，浙江两级师范学校改名为浙江省立第一师范学校。5 月，校友会发行《白阳》杂志，设计创刊号封面，全部文字亦由李叔同亲手书写石印。

1914 年（民国三年甲寅）35 岁，是年加入西泠印社，与金石书画大家吴昌硕时有往来。课后集合师生组织"乐石社"，从事金石研究与创作。

1915 年（民国四年乙卯）36 岁，应校长江谦（易圆）之聘，兼任南京高等师范学校图画音乐教员，在假日倡立金石书画组织"宁社"，借佛寺陈列古书、字画、金石。二十四年后，南京高师校长江谦大师六十周日甲诗云："鸡鸣山下读书堂，廿载金陵梦未忘。宁社恣尝蔬笋味，当年已接佛陀光。"是年夏，曾赴日本避暑。9 月回国。秋，先后作诗词《早秋》《悲秋》等。

　　1916年（民国五年丙辰）37岁，因日本杂志介绍"断食"以修养身心之方法，遂生入山断食之念。冬，入杭州虎跑定慧寺，试验断食18日，有《断食日志》详记。入山前，作词曰："一花一叶，孤芳致洁。昏波不染，成就慧业。"返校后，开始素食。时，受马一浮之熏陶，于佛教"渐有所悟"。

　　1918年（民国七年戊午）39岁，春节期间在虎跑寺度过，并拜了悟和尚为其在家弟子，取名演音，号弘一。农历七月十三日，入虎跑定慧寺，正式出家。出家前，将所藏印章赠西泠印社，该社社长叶为铭为凿龛庋藏，并有"印藏"题记："同社李君叔同，将祝发入山，出其印章移储社中。同人用昔人'诗龛'、'书藏'遗意，凿壁庋藏，庶与湖山并永云尔。戊午夏叶舟识。"九月，入灵隐寺受比丘戒。十月，赴嘉兴精严寺小住。年底应马一浮之召至杭州海潮寺打七。

参考文献

[1] 林子青 . 弘一大师年谱 [M]. 北京：宗教文化出版社，1995.

[2] 金梅 . 弘一大师李叔同 [M]. 北京：人民音乐出版社，2002.

[3] 杨少波 . 李叔同：两世悲欣一扁舟 [M]. 郑州：大象出版社，2004.

[4] 陈慧剑 . 悲欣交集——弘一大师李叔同的前世今生 [M]. 西安：陕西师范大学出版社，2005.

[5] 金梅 . 李叔同影事 [M]. 天津：百花文艺出版社，2005.

[6] 陈星 . 李叔同身边的文化名人 [M]. 北京：中华书局，2005.

[7] 刘英 . 丰子恺图传 [M]. 武汉：湖北人民出版社，2005.

[8] 郭长海，郭君兮 . 李叔同集 [M]. 天津：天津人民出版社，2006.

[9] 林清玄 . 呀! 弘一 [M]. 海口：海南出版社，2007.

[10] 夏丏尊，等 . 弘一大师永怀录 [M]. 长春：时代文艺出版社，2009.

[11] 编委会 . 弘一大师全集修订版 [M]. 福州：福建人民出版社，2010.

[12] 葛剑雄 . 李叔同讲佛学 [M]. 南京：凤凰出版社，2010.

[13] 秦启明 . 弘一大师新传 [M]. 南京：江苏人民出版社，2011.

[14] 张耀南 . 李叔同谈艺录 [M]. 长沙：湖南大学出版社，2011.

[15] 章用秀 . 夕阳山外山——弘一大师赠言故事 100 例 [M]. 天津：天津古籍出版社，2011.

[16] 郭长海，郭君兮 . 李叔同美术广告作品集 [M]. 合肥：黄山书社，2011.

[17] 王菊如 . 中国书画复兴的前驱李叔同及其同人 [M]. 合肥：黄山书社，2011.